その悩み、佐久間さんに聞いてみよう

佐久間宣行

ダイヤモンド社

はじめに

「仕事は人間でできている」。

これが僕の持論です。

どんなに成功した案件も、破壊的に失敗したプロジェクトも、そこにいる人間の日々の仕事の積み重ね。だから人間を見つめないと仕事の悩みは解決できない。


僕がテレビ東京を辞めて4年がたちます。

この4年で、本当にたくさんの悩みを相談されました。

フリーになったばかりで目の前の仕事をこなすだけでも必死なのに、どうやらみんな、僕以上に悩んでいるらしく、老若男女、ありとあらゆる世代の悩みを聞きました。

自分のキャリアをこれから築く若い方からは、上司の評価への不満や自分の武器を見つけられない不安を。同年代や年上の方からは、人間関係の板挟みの苦しみや、時代の変化とキャリアの先行きへの恐怖を。もはやこの社会で悩みなしで働いている人はいないのだと感じました。


たしかに難しい時代です。価値観も市場も揺れ動いています。

多くの企業が変化を求められ、新しい武器を身に着けないと、と焦る気持ちもわかります。

けど、たくさんの悩みを聞いているうちに、気づいたことがありました。多くの方が、その大きな時代の変化に立ち向かう前に「会社との正しい向き合い方」ができていないと感じたのです。

そこにひずみやズレがあるから感情とメンツに振り回される。

自分と周囲を客観視して悩みを言語化できれば解決策は見えてく

るのに、その前に気持ちが参ってしまう人が多い気がする。

だから、もう一度本を書こうと思いました。


どの立場、どの年代の方が読んでも役に立つ本にしたい。

それだけでなく、1つのテーマや悩みで、若い方が読んだら上司の気持ちが、上司が読んだら部下の本心が理解できるようにする。優しく、ずるく、心を潰さず、会社で起こるさまざまな困難に立ち向かえる本にする。『ずるい仕事術2・0』の側面もありますが、強度も使いやすさも増したと思います。

たくさん時間をかけて、何度も話し合って作り上げました。いつかあなたがするであろう素敵な仕事のお役に立てば幸せです。

2024年11月　佐久間宣行

■本書の使い方

「本当に役に立つ会社の教科書」。

これが本書のテーマだ。悩んだらとにかく「使える」本を目指して、この本では「仕事」から「プライベート」まで、さまざまな悩みを取り上げている。

基本的にはどこからでも読めるようになっているから、**「気になったタイトル」**から読んでもいいし、**「相談内容」**から読んでもいい。好きなように読んでほしい（上図参照）。

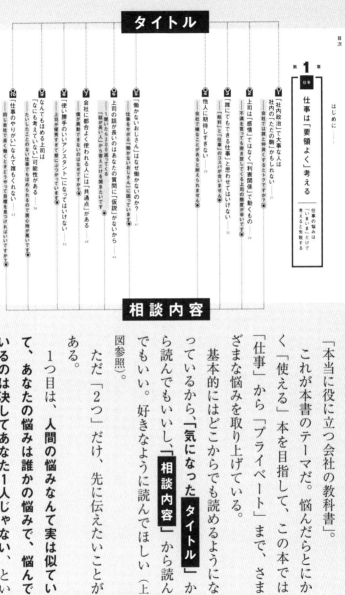

ただ「2つ」だけ、先に伝えたいことがある。

1つ目は、**人間の悩みなんて実は似ていて、あなたの悩みは誰かの悩みで、悩んでいるのは決してあなた1人じゃない**、ということ。

つまりこの先、あなたと同じことで悩む人がいるその一方で、**誰かの悩みはあなたにとって未来の悩みかもしれない。**だから本書のページをめくったとき、「これは自分には関係ない」と思っても、いつかくる未来のために目を通してもらいたい。それがいつかあなたの役に立つときがくるかもしれないから。

もう1つは**「問題にはかならず『両面』がある」**ということだ。

たとえば「仕事をさせるなら、やりがいを先に説明してほしい」と言う若者に困っている上司がいるとしたら（121ページ参照）、僕らのようなおじさんが「黙って言われた通りにやればやりがいなんて見つかる」と言うのは短絡的なときもあれば、逆に「やりがい、やりがい」ばかりを連呼して、ぜんぜん手を動かさない若者も違うときがある」ということだ。

この本ではできるだけこの「両者」「両面」を捉えるように書いているので、その意味でも全部をくまなく読んでほしい。そうすればそこにあなたへのメッセージが隠されている可能性がある。

目次

第2章

キャリア

「理想のキャリア」を手に入れる

就職・転職は「頭」を使え

第3章
チーム
チームの人間関係をラクにする

部下は上司の、上司は部下の気持ちなんてわからない

第4章

メンタル

人は「不安」があるから成功できる

「メンタル優先」で考えれば人生はシンプルにうまくいく

第5章 プライベート

すべてのことには「原因」がある

「プライベートの悩み」の解決法は仕事と同じかもしれない

第1章

仕事

仕事は「要領よく」考える

仕事の悩みは
「いまいま」だけで
考えると失敗する

相手から逆算する

仕事は立場によって、見える景色が変わる。

右も左もわからない新人時代は、1つのミスをこの世の終わりのように感じるけれど、3年目の先輩からすると「自分もやった」だし、10年目の現場リーダーは、若手の成長のきっかけにと、わざと失敗させたりする。

そんなとき新人は「先に教えてよ」と思うだろうし、現場リーダーは「自分で経験しないと意味がない」と思っている。

なにが言いたいかというと、人はそれぞれ立ち位置が違うから、

「あの人は、あの立場だからこうするんだな……」という「裏」が読めると、仕事をスムーズに運ぶコツが見えるし、ストレスも減るということだ。

「仕事の悩み」や「不満」の多くは、「承認欲求とメンツ」が原因だと僕は思う。

たとえば「がんばっているのに評価されない」とき、本人は承認欲求をこじらせてるし、上司は上司で「ほめすぎるとナメられる」という変なメンツからあえて距離を取っていたりする。

部下の承認欲求と上司のメンツがすれ違って、無用な悩みや不満をつくり出す。でもこういうときも「裏」が読めれば、解決の糸口が見えてくる。

悩んだら相手の側から考える。

なぜあの人（や会社）は自分にこうした態度をとっているのか。

そこから逆算すると、解決策が見えてくる。

もちろん会社も、そういう社員に甘えすぎると見限られる。

だから会社は会社で「裏」を予想し、対策をとるのが重要だ。


もう1つ、仕事をするとき多くの人が悩むのが「損得」なんじゃないかと思う。

「この人と付き合うと得かもしれない」と期待したり、「この仕事、この会社はコスパが悪いかもしれない」と警戒したり。

その前提に立った上で、僕が大事にしてきたことは、目先の小さな損得ではなく遠くを見ること、損得の捉え方を大きくして視野を広く持つことだ。


たとえば「千鳥」の話をしたい。

僕は知り合ったときから千鳥の２人のおもしろさを信じていた。なにをどう考えても絶対に売れる。

その確信があったから、千鳥と番組をつくれることになったとき、会社からなにを言われても、２人の好きなことを企画にすることにこだわった。

結果、視聴率が下がって、テコ入れしないと番組が終わるという状況でも、僕はその姿勢を変えなかった。

上から突つかれてプライドが傷つこうが、「佐久間はできないヤツ」だと思われようが、そんなことは短期的で些末なこと。それより千鳥に「佐久間と組むとおもしろいことができる」と信頼してもらうことのほうが、会社にとっても自分の人生にとっても得になると考えた。

結果、この番組は短期で終わったけれど、このとき２人から信用してもらえたことが、その後、大ブレークを果たした千鳥との次の番組につながったし、僕にとってもＮｅｔｆｌｉｘの「トークサバイバー」シリーズにつながった。

仕事をするとき「損得」の考え方は外せない。

でも、その損得の「決算」をするタイミングは、ずっと先にやってくる。

だから仕事は目先ではなく、遠くを見ることが大事だと僕は思う。

1

「社内政治」で大事な人は社内の「ただの駒」かもしれない

――会社では誰と仲良くするとトクですか？

■「ほしいもの」はわかっているか？

「あの人は仕事ができそうだから」「あの先輩は親切に教えてくれるから」「あの上司は役員と仲が良さそうだから」と、**相手を見て誰と仲良くするのが得かを考えているうちは、誰が自分のキャリアに役立つかの判断はつかないと思う。**

会社で仲良くすべき人が誰かがわからない人はまず、自分に目を向けるのがおすすめだ。

どんなキャリアが「自分の理想イメージ」か。それを言語化できれば、自分にとっての大事な人が見抜けるようになる。

■「キーマン」は一人ひとり違う

「実力をつけてフリーになりたい人」と、**「社内出世を考えている人」**、**「あの部署のあの仕事をやりたいと思っている人」**とでは、大事にすべき人間関係はまったく違う。

自分が望むキャリアを具体的に考えて、目標から逆算すれば「つながっておくべき人」は自然とわかる。それがわからないとしたら、手に入れたいスキルや理想のキャリアが抽象的なままなのかもしれない。

僕は20代の半ばから、小さい深夜番組だったけど、自分に裁量権があって、好きなことができる独立国家を築けていた。

周りと比べてプロデューサーや総合演出になるタイミングも早かったんじゃないか

と思う。

多分それができたのは、**はじめから他の人とは違うキャリアをはっきり見据えて、その延長線上にいる人に自分を覚えてもらう努力をしてきた**からだ。

■「ただの社内政治」は意味がない

僕は幅広い年齢層からの支持を集める「ゴールデン帯」の番組づくりは、自分の能力を発揮できる場所だとは思ってなかった。

だから**「夜中の1時、2時のド深夜でもいいから独立したお笑い番組をつくりたい」**、入社2年目にはそんな目標を立てていて、それを達成するには「社内に顔を売らなければ」と考えていた。

だから僕は「通る」「通らない」に関係なく、お笑い系の番組企画を誰よりも多く提案した。そうやって社内で名前を覚えてもらうことが、**ただ偉くなりたいためだけにする社内政治より大事**だと思ったからだ。

提案が通らなくてもボツになっても、失敗や評価ダウンだと思わなかった。

とにかく僕は僕の目標を叶えてくれるであろう上司や先輩たちに「お笑い番組をつくりたいやつ」という印象を植え付けるという目的さえ達成できれば、**いつかチャンスは回ってくる**と考えたのだ。

■ 社内の「駒」にまどわされない

会社には実力はそれほどでもないのに、人付き合いや社内政治がやたらと上手で、それによって出世したり、決定権のあるポジションに就いたりする人もたしかにいる。

でも、**自分のやりたいことを特定させずに、ときの権力者にすり寄る作戦は有効じゃない**。なぜならときの権力者は社内政治の「駒」にすぎないことも多いからだ。

実力不足の権力者は、社内事情が変わったら急に重要な人でなくなってしまう。

だから安易な社内政治をするよりも、まずは自分の理想のキャリアを明らかにして、「自分に必要なものはなにか」「それができるチャンスを授けてくれる人は誰か」を見極めて、「正しい努力」ができる場所に自分を導く。

そのほうが**打算的な社内政治なんか抜きに、早く理想のキャリアに近づける**。

■すり寄る若手はかわいい⁉

どんな組織にも、損得のハカリを持って「得をしたい」と上司に近寄ってくる若手はいる。仲良くなってご飯に行きたい。できればおいしい仕事をもらいたい。でも、その打算をうまく隠されてしまったら、本音を見抜くことは難しい。

僕は自分が人を見る目をぜんぜん信用していないから、部下が最低の人格、力量でも大丈夫な付き合い方をしている。先入観を持たず、誰に対しても丁寧でドライな接し方に徹する代わりに、基準を超えるいい仕事をしてくれたら、付き合いの長短や社内評判の善し悪しに関係なく評価すると決めている。

上司が公平な加点主義を徹底すると、思惑はどうあれ、部下は力を発揮してくれる。だから若手に慕われたらもちろん嬉しいものだけど、盲目的に引き上げるより、まずは冷静・公正な目で仕事ぶりを見ることが大事じゃないかと僕は思う。

2

上司は「感情」ではなく「利害関係」で動くもの

――不満を言っても突き放してくる上司の態度が辛いです

■上司は友達じゃない

「ちょっと聞いてくださいよ。営業部の仕事が雑で、急な対応をさせられたのに『ありがとう』もないんですよ」

「秘書課の人たち、役員のスケジュールが優先だからって、なんでこっちの都合を無視するんですかね」

部署間で発生する**モヤッとする衝突**は、組織にいる以上、誰もが経験するものだ。
だから、こういうときに「上司に言ったら察して動いてくれるかも」「愚痴を言ったらねぎらってくれるかも」と期待したくなる気持ちはよくわかる。
でも直属の上司は「友達」じゃない。
それに**多くの上司は感情よりも「自分にプラスになるかどうか」の利害関係で動いている。**だから上司に自分の不満や愚痴を感情的に話すのは得にならない。

■動かしたいなら「動きたくなる理由」をつくる

上司が動いてくれるのは、**「その問題が自分にマイナスを生じさせるとき」**か**「その問題が回り回って自分にも不利益を生じさせるとき」**。

つまりそこをロジカルに伝えれば、上司は動いてくれる可能性がある。

「それを俺に言ってどうするの？」は、仕事中に時間を取られて不満や愚痴を聞かされたときの上司の本音。これは高圧的だからとか、意地悪ゆえの反応じゃない。

だからどうしても改善してもらいたい不満があるなら、**「改善しないとマイナスの**

影響が出る」というデメリットを理屈でしっかり伝えること。さもないと**ただ不満を言うだけの、時間を奪う「クレーマー」**認定をされてしまうかもしれない。

■　愚痴ではなく「ロジカル」に伝える

ちなみに、多くの上司はこういうとき**「ただの愚痴じゃなくて解決策の提案があったら動けるのに」**と思っている。

仕事の相談は相手に動いてもらうためのきっかけづくり。

困ったときは愚痴よりも「どうすればその問題を解決できるか」を考えたい。

「困った、困った」と言っても解決には向かわないし、自分を評価する立場の人に「困りごとに困る自分」への共感を求めても、**弱みを見せるだけ**だから意味がない。

■　愚痴への共感がほしいときは？

どうしても不満や愚痴を言うことでストレス解消をしたいなら、自分と同じくらいの年次か、自分より下の人と話すに止めるのがいいと思う。

ただそうだとしても、問題解決に向かわない**「悩み相談という名のただの愚痴」**は、お互いにとって時間のムダだし、**「○○さんはすぐに愚痴をこぼす」という評判**も自分にとってはマイナスになる上に、ギスギスした雰囲気をより悪くする可能性もある。だから相談のゴールはやっぱり、愚痴への共感より問題解決にしたほうが絶対いい。

■愚痴の中にある「どうしたい」を発見させる

一方、上司はどうするか。上司は案外忙しい。でも最近は、メンバーの愚痴に付き合って「そうだね、そうだね」と傾聴する上司もいると思う。でもそういうときも頃合いを見計らって**「で、○○さんはどうしたいの？」**と聞いてみたい。

ポイントは「わかった。つまりこうしてほしいんだね」と上司が整理するのではなく、メンバー自身にモヤモヤを言語化させて、なにをさせたいのかを明確にさせること。言語化されれば先輩として具体的な手助けの方法も提案できる。だから上司は傾聴しつつ、愚痴の中にある部下の「どうしたい」を探っていくのがいいと思う。

3

「誰にでもできる仕事」と思わせてはいけない

──「給料」と「仕事」のコスパが合いません

■ 上司には相談したか?

「がんばっているのに評価されない」

「努力が報われない」

「給料と仕事のコスパが合わない」

この悩みはすごくよく聞く。

こういう人は、自分の仕事が正当に評価される努力をまずしたほうがいいと思う。というのも、「がんばっても報われない」と感じられるしくみの中でモチベーションを上げようと思っても、絶対うまくいかないからだ。

■ なめられていないか？

僕もギリギリまでがんばった挙げ句、心が折れてしばらく引きこもったことがある。問題を自分の中に抱え込んだまま踏ん張りすぎると、精神的にタフな人でも心身を壊しかねない。

こういうときは「給料と仕事量が見合っていない」ということを、一度、上司にはっきりと伝えたい。マネジャーが現状を理解しないまま、仕事が正当に評価されることなど絶対ないし、もしかすると会社側が**「あの人は不平不満を言わないから、このままの給料でやらせておこう」**と考えている可能性だってある。

そんな職場では誰だってメンタルをやられてしまう。

■「誰にでもできる仕事」の時給は安い

一方、この状態が放置されている別の原因も考えたい。

それは**会社がその業務を「誰でもできる仕事」だと思っている可能性**だ。

つまり**「誰がやっても同じ仕事」「替えがきく仕事」**だと思われているから、安く使われてしまっている。社員のどんな努力で現場が支えられているのか気づかれていないから、評価されることもなく、苦労や細部の重要性にも目がいかない。

この状況を変えるには、**2つの方法**しかない。

1つはそれが**誰にでもできる仕事じゃないと気づかせる**こと。繁忙期に休みを取って、「○○さんがいないとこんなに大変なんだ」とわからせる、みたいなこともいいかもしれない。

もう1つは「誰にでもできる仕事」というのが事実なら、**その仕事にかける工数は減らして、社内で評価されやすい別の仕事に手を伸ばす**こと。

取り替えがきくと見られているなら、その仕事は効率化して、給料の発生する範囲で、**自分の色が出せて社内で評価されやすい別の仕事を1つでもいいからゲット**する。

そういう仕事に取り組んで結果を出せれば、会社の評価はきっと変わる。

■会社側も「評価のしくみ」を見直す

逆にあなたがマネジメントサイドなら、現場を支える人たちのこういう不満が高まらないよう、評価のしくみに目を配ることを忘れないでほしい。

現場が不満を直接伝えてくるのは、ギリギリまで我慢した後がほとんど。

本来はそこまで溜めずに話し合えたほうが絶対いい。


少し話は変わるけど、テレビ局は基本的にはベースの給料が結構安くて、残業代がつかなくなると給料が下がる。だから20代、30代のときに現場でバリバリ残業していたディレクターは、偉くなって役職がつくと残業が減って手取りが減る。

僕も自分より若いＡＤ（アシスタントディレクター）のほうが給料をもらっている時期があった。ＡＤの仕事が遅くて一緒に残業していると、**自分は管理職だから固定給だ**

けど、ＡＤは延々と給料が増える……、そんな**モヤモヤ**する時期があったのだ。今思えばこれも早く、上司に相談してもよかったかもしれない。

■「ノート」に書いて整理しよう

人はうまくいっていないときほど、問題の原因を周りに見出しがちだけど、そういうときこそ大事なのは、**自分が今、どんな状態なのかを俯瞰して、正しく理解すること**だと思う。

「なんだかうまくいかない」—「努力が報われない」とモヤモヤするなら、1行メモでもいいから気づいたことを毎日ノートに書いてみる。その原因は会社が自分の仕事を正確に理解していないからなのか、替えがきく仕事だからなのか。**ノートを見れば自分の打つ手が見えてくる。**

4 他人に期待しすぎない

——会社で嫌なことがあると耐えられません

■「仕事」は好き、「会社」はキライ？

最初は**「好きなことができればＯＫ」**と仕事を始めてみたものの、歳を取ったり経験をつんだりしていくうちに、価値観の変化から**「職場環境や一緒に働く人も同じくらい大事」**なことに気づいてしまう。

するとこれまで目に入らなかった会社のルールや人間関係などのあれこれが気にな

り始めて、**「こうだったらいいのに」と他人への期待や不満が高まってしまう。**

これはよくある話で、そもそも仕事の価値観は経験をつめば誰でも変わるものだから、**「価値観が変化した」と感じたらそれは「成長」**だと思っていいと思う。

■ 冷静に考える

実は僕も「好きなことができればOK」で就職した口なのだけれど、実際に働き始めてみたらすぐ、**会社が求める人物像と自分の個性がぜんぜん合わない**ことに気がついた。

僕は1人の時間があるほうがうれしいタイプ。でも25年前のテレビ業界は縦割りで、先輩後輩気質の強い体育会のノリ。いくら仕事が好きでもこの環境で続けられるのか。僕は入社してすぐ不安になった。

でも落ちついて考えればこういうノリは、テレビ業界独特のものではなくて、どの業界にも存在するもの。ということは僕は「テレビ業界」や「この会社」に向いていないんじゃなくて「組織で働くこと」に向いていないことになる。

これに気づいたときにはさすがの僕も絶望した。

■ なんでも早く気づいた者勝ち

ただ幸いだったのはそれを早めに自覚できたこと。

この気づきがないままだったら、**「この会社は違う」と何回も転職をくり返していたかもしれないし、会社になんとか合わせようと無理をしていた**かもしれない。

そうしたら心も体もすり減って、どこかでポッキリ折れていた可能性もある。

気づきが早かったからこそ僕は、**「どこに行っても同じならここでがんばろう」**「ただ、無理にがんばっても体が持たないから、**ストレスが溜まらないように工夫して働こう**」と切り替えることができた。

■ 「理想的な職場」なんてない

結局のところ僕は、**理想的な職場と巡り会えることなんて一生ない**と思っている。

どんな組織にも、仕事のレベルが水準に達していない人がいたり、感情のコントロールができない人は絶対いる。

そう考えると会社で嫌なことがあると耐えられなくなるのは、**いい意味でも悪い意味でも他人に期待しすぎているから**かもしれない。

いろんな人がいるからどんな職場にも理不尽は「起こる」し「ある」。

でもその理不尽をどうやって乗り越えるかが、ある種、成長にもなる。

そういう前提を持って、自分の価値観の変化に合わせながら柔軟に働き方を変えていくと、メンタルを病むことなく長く仕事ができるんじゃないかと思う。

■ 会社や他人に近づきすぎない

そんなわけで僕は、20代の早いうちから**「会社は仕事をしに行く場所」**と割り切るようにした。その結果、自分の価値観と違うことがあったとしても、**「仕事なんだから機嫌よくしていよう」「自分の感情を現場に持ち込むのは、友達同士じゃないんだからやめよう」**という思考になった。

仕事相手を友達だと錯覚すると、相手への甘えや期待も出る。そうすると、うまくいかなかったときに「裏切られた」と苛立ってしまう。

いろんな価値観の人が集まる会社の人間関係は、いいに越したことはない。

でも**仕事が会社の人間関係に左右されすぎるのは違う**と僕は思っている。

だから会社や他人に近づきすぎない、期待しすぎない。これが大事だと思っている。

■「転職」の前に分析する

その上で自分の気持ちの葛藤に向き合うなら、今の自分が**仕事をしていて楽しいときと辛いとき**を書き出して、**リスト化**するといいかもしれない。

楽しいときが多ければ、**「辛いときもあるけど、悪くない」**と思えるし、辛いときが多いなら**「それでもこの職場にいるのはどうしてだろう？」**と問いかけてみる。

その結果、やりたい仕事もなく辛いことが多いなら、「転職」を考えるのもありだろう。

■ 上司は上司で自衛する

一方で、もしあなたが会社のマネジメント層にいるとしたら、自分の部下から退職者が出ると、評価が下がって困る人もいると思う。そういうことを避けるには、常日頃から「成果」や「仕事の効率性」「チームへのポジティブな働きかけ」など、**部下を評価する基準を自身の上司や部下本人と共有しておく**ことが大切になると思う。

そうすればもし若手や新人が急に辞めたとしても、その理由が「基準を満たしていないこと」に起因するなら、上司からあなたへの評価が急降下することはないだろうし、辞めていく部下もあなたの人格を否定して批判したり、後ろ足で泥をかけて辞めるといった真似はしないだろう。

5
「働かないおじさん」はなぜ働かないのか？
――仕事をサボる「働かないおじさん」に困っています

■ やり過ごしてはいけない

働かないだけならまだしも、ときどき仕事を妨害してくるおじさんもいる。そういうおじさんが職場にいるなら、場合によっては**その人の評価を下げる努力**を積極的にしたほうがいいと僕は思う。

なぜならこういう人をやり過ごすと、みんなが大変になるからだ。

■「証拠」をそろえて報告する

職場に働かないおじさんがいるときは、まず、嫌がらせやサボりの証拠を記録に残して、決定的な権限を持つ人に意見をしたい。そうしないと会社や職場はいつまでたってもよくならないし、自分だけはなんとかやり過ごせても、他の誰かがずっとツライ思いをしてしまう。

ただし、上に意見をするなら事前に**問題の因数分解**をかならずすること。

ただ単に「サボっています」「嫌なヤツです」と訴えるんじゃなくて、社会的・客観的な問題点がどこにあるかをきちんとメモにまとめたり、周りの同僚にも意見を聞いたりして、**問題点を論理的に説明できるようになって初めて報告したい。**

働く人にとって仕事は日々の中でかなり重要なウェイトを占めている。

だから職場が辛いと生きていくこと自体が辛くなる。

問題点がわかっているのに放置してメンタルを削られるくらいなら、時間と労力をかけて解決したほうがいいと僕は思う。

それに陰で悪口を言ったり、なるべく関わらずにやり過ごしたりと、常に気を遣って立ち回るくらいなら、正当に報告したほうが健康的だとも思うのだ。

■一生サボるだけの人生でいいのか

その一方で、働かないおじさんはなぜ働かないのかについても考えたい。

こういう人が仕事をサボりがちなのは、会社や上司、部下や後輩から**十分な評価を得られていないから**だと思う。サラリーマンの人生は運に左右されることもある。だから評価を理不尽に感じることもあるだろう。そんな状態が続いたら「給料分は働いてるからこれで十分だろ？」と拗ねた気分になるのもわかる。**でもそのまま「サボることだけを覚えたおじさん」として、リストラ要員になっていいのだろうか？**

こういう人は長年の実務を通じて培った技術力や知識、社内政治のノウハウや、優秀な若手ほど持ち得ない「失敗経験」を持っている。大事なのはその財産をきちんと言葉に落とし込み、会社やチームに還元すること。そうすれば周りの目が変わり、再び仕事がおもしろくなる日はかならずくるから、自分をあきらめてはいけない。

6

上司の話が長いのはあなたの質問に「仮説」がないから

——1聞いたら200返ってくる「話が長い人」から答えだけを聞きたいです

■ あなたの質問は的確か？

やさしくて丁寧な先輩がいて「あの人に聞けばなんでも教えてくれる」という環境に慣れてしまうと、聞く側は**「困ったら聞けばいいや」**と質問が雑になる。

大雑把な質問を受けたとき、やさしくて丁寧な先輩がどう考えるかというと、「この後輩はそもそも仕事の流れがわかっていないのかも」「この場の対処法だけ教えても、前後の手順で悩むかも」ということだから、やさしくて丁寧な先輩ほど自分が教えられることを全部教えてくれようとする。これが話が長い側のロジックだ。

でも、今、目の前で困っていることだけを質問したい側としては、「この先輩、親切だけど話が長いんだよね……」となって、ここに**行き違い**が発生する。

■質問の「解像度」を上げる

つまり、**やさしくて丁寧な先輩の話が長くなるのは、聞く側の質問のしかたが「フワッ」と抽象的だから。**

先輩は心配したりよかれと思って、「1から200まで全部教えなくちゃ」と思っている。だからこの善意からの回り道が「話が長い！」に変わる不幸を回避するには、**質問者が質問の解像度を上げる**必要がある。

■あなたの質問に仮説はあるか？

具体的には「とりあえず聞いてみよう」と、漠然とした問いを投げるのではなく、まずは**自分で仮説を立てて「私はこう思うのですが違うでしょうか」と具体的な聞き方をする**のがいいと思う。

質問がクリアなら、先輩は経験と知識の引き出しから、解決につながる答えを「ビシッ」と出して、端的な回答をしてくれるはず。

一方、先輩は後輩から質問されたときにその問いが、**「フワッとしている」「こいつちゃんと考えずにとりあえず聞きにきたな」**と感じたときは、問題点を掘り下げる質問をぶつけるといいかもしれない。

「具体的になにに困っているの？」「どこが一番わからない？」と聞き返すことで、問いの解像度が上がるはず。そうすれば先回りして1から200まで答えてあげる必要がなくなるし、いったん自分で深く考えさせることで、本人の成長の助けにもなる。

そしてなにより、親身になっているのに「この人、話なげーな」と思われずに済む。

■ それでも話が長いなら

もし端的な聞き方をしているのに、先輩が「本当に話が長い人」だったら、なかなか話が終わらないこともあると思う。そういう場合にやりとりを「スパッ」と切り上げるコツは、**勇気を持って話に割り込んでしまう**こと。

たとえば僕だったら、話の途中に割って入って、ガンガン質問するかもしれない。

「この業務はこんな手順で進んでいますが、ここはどうすると効率的ですか？」

「このやり方で正しいですかね」

「ということは、○○でいいですよね」

その人から聞かなくても大丈夫なことには一切ふれず、「自分の聞きたいことだけ」をまとめて**ガンガン質問**する。

質問を挟まず黙ってダラダラ聞いてしまうと、やっぱり話は長くなりがち。

だからどうにも話が長ければ、ケースバイケースではあるけれど、強行突破でこんな手段も試してみよう。

7

会社に都合よく使われる人には「共通点」がある

——僕が異動できないのはなぜですか？

■ なぜあなたは異動がないのか？

マネジメント視点で言えば、異動がない人は、**その部署で「一人前の戦力」として認められている人**だろう。

上司が手放したくないから異動がない。

だから異動がないと悩む人は、自分の適性と能力にまず、自信を持ったほうがいい。

「それでも異動したい」という場合、方法は2つしかない。

1つは決定権を持っている直属の上司と、異動したい先の責任者の両方に**「今の部署では十分結果を出したから、権利として異動させてほしい」**と伝える方法。

もう1つは勇気を持って**「この仕事が続くと、メンタルが持たないから異動させてください」**と精神面の負担をさらけ出すこと。

このどちらかの意思表示をしない限り、戦力になる人は基本的には都合よく、会社に使われ続けることになる。

■異動できない3つの理由

一般論になるけれど、ずっと異動できない人の特徴は3つある。

①貴重な戦力だから

②今の部署にしか向いてないと思われているから

③その人になんらかの問題があって引き取ってくれる部署がないから

だから異動を希望するときは、まず、自分がどんなキャラクターでどのくらいの力があると思われているかを正しく把握したほうがいい。

直属の上司だと聞きづらいなら、他の部署の上司でもいい。「自分はどんな部下に見えるか?」「どう思われているか?」を率直に聞いてみる。

そのとき自分が思う自分像と異なる答えが返ってきたら、その姿こそが周囲が評価する自分の姿。これが自分像とズレていると、やりたい仕事は手に入りにくい。

■「会社のいいように使われる」か「やりたいことをやる」か

僕には20代の頃、振られた仕事をまったく断らない時期があった。

それは自分の可能性を探るためでもあったけど、**ある程度、上司や会社に「仕事ができる」と認められないと好きなことはできない**だろうと思ったからだ。

やりたいことだけやろうとしてもうまくいかない。

そう思って一度は「なんでもやります」と言う時期を2年つくった。

その結果、社内のいろんな人に顔と名前を覚えてもらえて、チャンスが舞い込むようになった。深夜帯でやりたかった自分の企画（お笑い番組）も通るようになったし、ディレクターとしての手応えも感じて順風満帆。

ところが30歳になった頃、会社の偉い人が僕を系列の制作会社に異動させて、ゴールデンで人気の「旅番組」の演出をやらせようと言い出した。

キャリアだけで言えば大抜擢。偉い上司は心底僕のためを思って「優秀だからゴールデンの番組を担当して、テレビ東京の王道と深夜、両方やれるようになったほうがいい」と考えてくれたのだ。

でも僕は異動したくなかった。だから「まずいな」と焦った。

ここで異動を受け入れると、自分が本当にやりたいことをこの先、２、３年はできなくなる。そこで僕が出した結論は**「嫌われたり、面倒くさいヤツだと思われたり、〝やりたくないことはやらないキャラ〟〝お笑いしかできないバカ〟だと思われても、ここは意思を通してノーと言おう」**ということだった。

■ お互いを「ちゃんと知る」

人は案外自分のことが見えていないし、上司がこちらの希望を100％理解してくれるなんてこともほとんどない。**よかれと思って異動の声がかかることもあれば、よかれと思って異動希望をスルーされることもある。**

同じ部署に長くいて悩んでいる人は、「異動できない理由」を上司に聞くか、自分でその理由を一度真剣に考えて、本当はどうしたいか、なにができるかを整理して、そこから作戦を立てるのがいいと思う。

上司は上司で、自分の部署がその部下の能力を最大限活かせて、この先もその人にしかできない仕事があると感じているなら、相手が異動希望を出してきても引き止めていいと思う。逆に「この人はここじゃなくてもいいかもな」と感じる瞬間が何度かあるなら、早めに異動を打診するのがお互いにとっていいかもしれない。

やりたいことと向いていること、それができる環境とタイミング、すべてが合えば異動はお互いにとって大きなチャンスになるのだから。

8

「使い勝手のいいアシスタント」になってはいけない

──上司が優秀すぎて壁にぶつかっています

■「優秀な上司＝天才」ではない

社内で「優秀」と評判の上司は**「組織を乗りこなすコツ」**をよく知っている。

でもこういう人が**「天才」かと言えば、そこまでではない**と思う。

というのも、アイデアや発想のおもしろさ、オリジナリティだけで一点突破できる天才は、組織に入っていないからだ。

■ 優秀な上司の下につくのは「ラッキー」

世の中の99%は天才じゃない。

僕もそうだし、ほとんどの人がそう。そういう普通の人がやりたいことをやるためには、**組織をある程度乗りこなす**必要がある。乗りこなしのコツを知らないと、ムダな戦いばかりすることになって、やりたいことにたどりつけない。

その意味で**優秀な上司の下につけたら超ラッキー**。組織を乗りこなす術を熟知する上司の考えを探る期間はあってしかるべきだし、学べば得になることはたくさんある。

■ 盗みながら強みを磨く

ただこのとき注意したいのは、上司が持つスキルの中で**「自分の武器にできそうなもの」を考えながら仕事をする**ということだ。上司の真似をしても自分と合わないやり方だったら、役に立たない可能性もある。

■一生アシスタントでいてはいけない

上司から「自分が盗めそうな」仕事のワザを手に入れて、その上でもう一段上のレベルに向けてブレイクスルーを目指すなら、**「まだちょっと早いかな」と思うくらいのタイミング**で上司から離れて「自分だけの強み」を磨くのがいいと思う。

上司をコピーすれば周囲からはある程度「仕事ができる人だ」と思ってもらえる。でも上司と同じ強みで上司が仕事をしやすくする人は、**使い勝手のいい「アシスタント」**で終わってしまう。

だから真似できるコツやスキルはちゃっかりといただきつつ、**上司の「コピー」人間にはならない**ように、自分ならではの武器もしっかり磨く。そうすることでブレイクスルーは可能になる。

■「自分の売り込み」も忘れない

僕は入社2年目で、当時のテレビ東京の目玉番組**「TVチャンピオン」**のプロデユーサーから声がかかって、週に一度の企画会議に参加できるようになった。

こういうときはもちろん、まずは会議で顔と名前を覚えてもらうのが先決だけれど、おじさんになった今、当時を振り返って自分をほめたいのは**意識的にあえて通らないお笑い企画も混ぜていた**こと。

企画会議は企画を通すために行われる。

でもここは、**自分のキャラを売り込む絶好の場**でもある。

そういう場所で上司の強みとは重ならない自分ならではのキャラクターを売り込むことができたなら、いつかそのジャンルの仕事がきたとき、上司ではなく自分に声がかかる可能性がある。つまり**ブレイクスルーのチャンス**がくる。

■ 上司はちゃんと「子離れ」する

一方、上司はこういう**野心家の部下**も大事にするといいと思う。

完全に思い通りになる子飼いの部下は、アシスタントとしては最高だけど、アシスタントはアシスタントのアシスタント。**それ以上の成果は決して生まない。**

だから部下からの子離れはしっかりすること。

自分のやりかたを伝授したら、自立させ、オリジナリティを育ませる。

そのほうが部署の数字は上がりやすい。

9

なんでもほめる上司は「なにも考えていない」可能性がある

——たいしたことのない仕事でもほめられるので居心地が悪いです

■油断してはいけない

やたらとほめる上司の下についたときは、**「ほめられた＝評価された」とは思わないほうがいい**と思う。そのほめは**「おつかれさま」くらいの感覚**かもしれないからだ。**上司も人間。**もしかするとそういう上司は自信がなくて**「自分をよく思ってもらいたい」「嫌われたくない」**という気持ちから、**「とりあえずほめておくか」**になっている可能性がある。

昇進や異動で役職についたばかりで「評価基準」がない人もこうなりやすい。

会議で「全体的にいいと思います」みたいな「フワッ」とした意見ばかり言う人も同じ。そういう人は**「よくわからないからひとまず場の雰囲気を悪くしないようにしておこう」**と思っていることが少なくない。

■ 裏切られる前に先手を打つ

こういう上司に会ったときに気をつけるべきもう1つのことは、この手の人は「場の雰囲気」が優先だから**裏切る可能性**があることだ。

ついさっきまで「いいですね！」と言っていたはずなのに、上司の上司が渋い顔をしたら**180度態度を変えて急に裏切る**みたいなこともよくある話。

そんなことにならないように、こういう人の下についたら「この仕事のポイントはここところ」と**事前にしっかりネゴをする**こと。そうしないと要点をつかめていない上司に、大事な仕事を潰されかねない。

■「なぜほめられたのか？」を考える

あと、がんばったときにきちんとほめられたら、「ほめられた、うれしい！」で終わりにせず、**その背景に目を向けるといいと思う。**

意外かもしれないけど、僕は石橋を叩いても渡らない慎重な性格で、なんでも一度はネガティブシミュレーションをしてしまう。人からほめられても額面どおりには受け取らず**「どうしてこの人はほめてくれたんだろう」**と考える「クセ」がある。

でも「なぜほめられたのか」がわかると、**「自分がどんなキャラクターだと思われているのか」を知ることができる。**そして「俺はこれができないタイプだと思われていたのか」「期待されていたのはむしろこの部分だったのか」がわかれば、**自分をブランディングしやすくなる。**

■ほめられたところに「自分の強み」が隠されている

「自分はがんばったつもりはないのに、これはやたらとほめられる」。

そういうことが特定の1つに集中するなら、それは**自分の強み**である可能性がある。

「メチャクチャがんばったのにほめられない仕事」にチャレンジするより、「かんたんにほめられる仕事」をしたほうが、ラクだしコスパも当然いい。

別の仕事に一か八かで挑戦しても、「なにかあったらここ（得意な仕事）に戻れる」と思えると、いろんな仕事に挑戦しやすいというのもある。こういう**「がんばらなくてもいい結果が出せる仕事」は武器になる**から、一生大事にしてほしい。

■ 教育コスパは最悪になりつつある

最近の上司は「若い人は難しいからひとまずほめておくか」「がんばって叱って育ててもどうせ辞めるしパワハラ認定されたりするし」と、**教育コスパ**の観点からなんでもほめる人が増えているけど、部下にはやたらとラクな案件を振ってほめるより、挑戦しがいのある仕事をパスするほうがずっと効果的じゃないかと思う。

こんな時代だからこそいい仕事を受け取った若手は、「この上司は自分を信頼してくれている」「力を伸ばそうとしている」と意気に感じて、持ちうる力を最大限発揮してくれるかもしれない。

だから安易にほめてやり過ごすより、相手によっては期待して育てることも視野に入れるといいと思う。その上で部下の強みに気づいたら、そこは流さずきちんとほめる。挑戦しがいのある仕事への取り組みをほめられて、居心地の悪くなる人はいないはずだ。

10

「仕事のやりがい」なんて誰もくれない

――同じ会社で長く働くとき どうやって目標を見つければいいですか？

■仕事は好きだけどモチベーションが続かない⁉

ワークライフバランスを重視して「仕事がすべてじゃない」と思えるタイプの人は、同じ部署で慣れた仕事を淡々とこなす環境でも「やりがい問題」は気になりにくい。

でも、「日々の仕事からやりがいや手応えを感じたい」人はもちろんいて、そういう人が10年以上も同じ部署にいると、モチベーションを保つのは難しい。

毎日の仕事は変わらない。その仕事が気に入っている。でもやりがいを感じにくい。

そう思うなら日々の仕事でカイゼンを実感できる自分なりの「中期的な目標」を立てるといいかもしれない。

■自分だけの目標を見つける

目標は高尚なものじゃなくていい。たとえば「仕事を早く終わらせて昨日より退社スピードを速くする」「メールを処理する時間帯を決めてすばやく返す」といった個人的な目標でもぜんぜんOK。

自分と他人を比較しなくていい「自己完結型の目標」が見つかれば、同じ場所、同じ仕事で働きながらも自己研鑽できるからモチベーションを保ちやすい。

そうやって試行錯誤している姿は案外、おじさん世代の上司にも響く。

「彼（彼女）は、日々の行動のつみ重ねで仕事を楽しもうとしている」。そんな印象を手に入れられれば、新しい仕事やチャレンジ案件が決まったとき、「彼（彼女）に声をかけてみよう」と思い出してもらいやすいから新しい道が拓けやすい。

ちなみに僕が上司だったら、新たなプロジェクトで一緒に仕事をしたいと思うのもこのタイプ。たとえばこういう人たちだ。

- **プロジェクトを楽しんでくれそうな人**
- **自分で自分のモチベーションを上げられる人**
- **成長したい意思を示してくれる人**
- **はっきりとした強みがある人**

■ 誰にだって「飽き」はくる

ただ僕だって、この仕事に飽きたことがないわけじゃない。

僕が一時期ADの仕事に飽きたときは、会議の5分前に手ぶらで参加しても大丈夫なように、あらかじめ完璧に準備する**「1人手ぶら準備選手権」**を開催していた。

具体的には、会議前日までに事前の指示出しなどすべてを済ませておいて、当日は

「手ぶらで出勤しても大丈夫」なくらい完璧に準備した。そうやってできるだけ仕事を効率化して、当日は手を抜けるところは徹底的に楽をする。

仕事に少し飽きたとしても**ゲーム感覚**でこれができれば、新たな楽しみができるし、時短もできる。しかも自分の時間を自分でコントロールしている感覚も得られるからストレスフリーで働ける。

■ モチベーションを下げない「しくみ」をつくる

僕はどんなに好きな仕事も**「モチベーションはいつかなくなる」**と思っている。

だからくり返すことでモチベーションが下がりそうな仕事があったら、気持ちが下がらない「しくみ」をつくって、好きなことを続ける工夫をしている。

僕は自分が逆境やストレスの溜まる場所でもがんばれる人間だとは思っていない。

だからこそ**飽きてモチベーションが下がっても、逆境に陥っても、どんなときも仕事を回せる「しくみ」をつくる**ことはすごく大事だと思っている。

いつどんなときも、モチベーションが高い絶好調な自分を想定してスケジュールを組んでしまうと、大抵、仕事はうまくいかない。**人間だから波はある。**だからこそそれを織り込んで淡々と好きな仕事を続けられるように体制を整える。**仕事のモチベーションややりがいなんて誰もくれない。**自分で見つけて自分で回していくほかないものだ。

■長期的なメリットを提案しつつでも無理に引き止めない

あなたが上司で、モチベーションを失って「仕事を辞めたい」と言う若手を引き止める立場なら、まずは**「気持ちはわかるけど、会社にいるメリットすべてを吸収したか？」**と聞いてみたい。

たとえばテレビ局なら、映像づくりに関する環境やノウハウすべてが揃っている。その知見を吸収し切らないうちに辞めるのはもったいない。

これは他の業界にも共通すると思うけど、辞めたいという若手には**「会社にまだ学べるものがあるうちは残ったら？」という選択肢を伝えるべき**だ。

とはいえ、引き止める工夫としてあなたができることはそこまでかもしれない。本人の辞める意思が固い場合、**相手のモチベーションを引き上げる魔法はない**からだ。

「君がいないと困る」と無理に引き止めても、結局はお互い辛くなるだけ。

今の時代、そうなる前に上司が取りかかっておくべき仕事は、どんな若手が抜けても現場が回る「しくみづくり」かもしれない。

第2章

キャリア

「理想のキャリア」を手に入れる

就職・転職は「頭」を使え

「キャリアづくり」は感情的になったら負け

テレビ東京を辞めてからは、「キャリア」の相談を受けることが多くなった。

他の部署に異動したい。
やりたいことができる会社に転職したい。
これからどんな経験をつめばいいのかわからない。
独立したい。
しんどいから、今すぐ辞めたい……。

ただそれぞれに状況は違うから、アドバイスは相手によって変わるのだけど、でもそれが男性でも女性でも、何歳でも常に揺るがず伝えていることが1つだけある。

それは「キャリアづくりは頭を使え」ということだ。

頭を使わず衝動的に会社を辞めた人が、納得のいくキャリアを築けることはほとんどない。

感情的になってしまうと、ものの見方が「短期的」で「短絡的」になるからだろう。

大事な決断をするとき大切なのは、感情的にならないこと。

もう1人の自分が頭上から見ているようなイメージで、自分を冷静に俯瞰したい。

なぜ自分は別のキャリアを考えようと思ったのか。

次に目指す先はどんな場所か。
そこで自分の武器は役に立つのか。
新たな武器が必要なら、そのために今から始めるべきことはなにか。

「この仕事を続けてほんとにいいのか……」と悩んだり、「適性がないかも……」と落ち込んだり、上司に「イラッ」とするのもいいけれど、キャリアの分岐点で感情と衝動のままに進むのだけは賛成できない。

もし、悩みの原因が会社の人間関係だとしたら、異動で部署を移るというのも1つの手だし、待遇に不満があるのなら、手持ちの武器で新たな職場で5年以上食っていけるか探ってみるのが先決だろう。

見積もり甘く動いてしまうと、「待遇」も「収入」も「満足度」も尻すぼみになってしまう。特に今いる会社を辞めるかどうか悩んでいるなら、いったんは落ち着いて、周到な準備に時間をかけたい。

次に行くべき場所を考えるとき、若いうちは「今、光が当たっている場所」を目指す人が多いと思う。たとえばテレビ東京でも、「自分も将来、お笑い番組をつくりたいです」と相談にくる若手は多い。

でも彼らがベテランになる10年後、果たしてそこが今と変わらず輝く場所かはわからない。

僕が「お笑い番組」をつくりたいと思ったのは20年前。

当時、テレビ東京に「お笑い」の枠は1つもなかった。

その場所が空いていた。だからつくった。

あれから20年が経ち、ありがたいことに今その場所は、光が当たっているように見えるのかもしれないけれど、10年後も同じ光が差しているかどうかはわからない。

10年後に「お笑い番組」をつくったのではもう遅いかもしれないし、今と同じ番組や誰かと同じつくり方をしたとしたら、まったく通用しない可能性もある。

当時、僕にもこの不安があったから、「お笑い番組」をつくれることが決まったとき、僕はしばらく「関西の芸人さんが活躍する番組を見るのはやめよう」という決め事をした。

そうしないと独自の花を咲かせられないと思ったからだ。

憧れの力は強い。関西の芸人さんたちの番組は、見れば「おもしろいなぁ」と感激するし、無意識のうちに影響を受けてしまう。

万が一、人真似をすることになったら、40代以降の自分のキャリアは尻すぼみになるだろう。そんな予感がしたのだ。

これも当時の僕が立てた戦略の1つ。

結局、僕は30代の5年間、東京の芸人たちのおもしろさを引き出す番組を制作した。その結果「自分はこれで戦える」という他とは被らない武器ができて初めて、関西のお笑い芸人たちと仕事を始めた。

キャリアを変えたいと思ったら、周到な準備が必要になる。

たとえばもっと経験が必要だったり事前のトライアル＆エラーが必要なこともあると思う。

そんなとき会社にいれば、いくら失敗しても路頭に迷うことがない。

キャリアを変える自信がまだ足りないという人は、慌てず焦らず、会社にいるうちに「実験」をくり返して経験をつむというやり方もある。

もう一度言う。

キャリア選択のタイミングでは、感情的になってはいけない。

自分を客観視して、粛々と準備を重ね新しい武器を手に入れる。

そうしていればいずれは新たなその武器が、次のキャリアを拓いてくれる。

1

「刺激がないから転職しよう」はうまくいかない

――つまらないけど安定してたら惰性で働き続けてもいいですか？

■「現状維持」か「飛び出す」か

今のまま働き続けるか。
それとも違う環境で新たな仕事に挑戦するか……。
これは「20代」「30代」「40代」「50代」、それぞれに悩む問題だ。
ただ、この悩みには世代を超えて共通するアドバイスがある。それは**転職の前に**

「自分の強み」をじっくり見極めるということだ。

理由は2つ。1つは自分にどんなスキルがあるか、なにが周りから評価されているのかを見極められれば、**今の会社のままでも楽しい仕事を見つけられる**かもしれないから。

もう1つは、**自分の強みをわかっていないと転職先でも仕事が楽しめない**からだ。

■ 腐らずにやるメリットはある

僕は入社1年目、AD（アシスタント・ディレクター）からスタートしてすぐ、仕事が想像以上にキツいのと実力のなさから、**第二新卒でどこかに転職しようと考えていた。**

でも、今のままだとなにが向いているかわからない。そこで入社から3年間は今の会社でやってみて、それでもまだADの仕事が嫌だったら辞めようと決意した。

そうしたら気持ちがだんぜんラクになって、**「どうせいつか辞めるんだから」**と、仕事以外の嫌なこと、たとえば気が乗らない上司からの誘いや、若手が雑に扱われる深夜までの飲み会などをすべて断る勇気を持てた。

その代わり仕事は、３年間、好き嫌いなくどんなものでも全部受けた。

現場でも後ろ向きにならず、きたものを一生懸命一つひとつやりとげた。

そうしていたら、手応えがあったわけではなかったけれど、周りから「佐久間は生放送の仕切りがうまい」と言われたり、「お笑いをやりたい人」のイメージもついてきたりして、お笑いのネタ見せ番組のオーディションを「入社３年目だけど、佐久間に任せてみるか」という話になった。

やりたいことができずに辞めたくて腐っていた自分でも、**３年間という期限を決めたら強みが見つかり、本当にやりたいことができるチャンスが舞い込んだ**のだ。

■「ここではないどこか」ではなく「自分が活躍できる場」はどこか

若者もベテランも「転職」が頭に浮かんだときは、どんな仕事なら自分のスペックが発揮できるか自己分析した上で、**今の会社でそれが実現できないかをまず考えると**いいかもしれない。

なぜなら「この会社だと刺激がないから場所を変えよう」と思ってしまうと、「転職したい」という思いだけが先走って、**「なぜ転職するのか」という根本的な理由を掘り下げる思考が停止してしまう**からだ。

検討の結果、「やっぱり無理だ」とわかってから本気で転職を計画しても遅くない。

転職先を選ぶときは、「自分の強み」が活かせる場所を探すこと。

業界の華やかさや給与水準を軸に選ぶと、自分のよさや結果を出せずに苦労することが少なくない。**軽はずみな転職はかえって自分を不幸にするリスクもある**ことに注意しよう。

2

「みんなが辞めるから自分も辞める」は正しいときもあるし正しくないときもある

――同僚がみんな辞めるのですが私も辞めたほうがいいですか？

■「辞める理由」を聞いてみたか？

もしあなたが離職者が多い職場にいるなら、すぐやってほしいことがある。

それは**会社を辞める人に「退職理由」を聞く**ことだ。

これは「辞める理由」が、**いずれ自分に降りかかってくる問題なのか、**それとも**辞める人の個人的な問題なのか**をジャッジするため。

後者ならあくまで「他人ごと」として気にしすぎる必要はない。

一方、もし前者なら、自分も辞めることを考え始めたほうがいいかもしれない。なぜなら今は不満がなくても、**いつかはそれが「自分ごと」としてあなたにも降りかかる可能性がある**からだ。

■ 退職タイミングの見極め方

もし退職者が多い会社にいるなら、会社の中では離職率という「数字」だけに注目せず、退職者それぞれの「退職理由」を整理したい。

その結果、万が一不安になったら、退職者の理由を参考に、**このままでいると先々、自分にも同じ問題が降りかかってくるか否か**をシミュレートする。

もし周りの退職理由が自分には当てはまらず、会社には自分が有効活用できるリソースが十分あるなら、わざわざ辞めることはない。

逆に「退職者と同じ問題が今後、自分にも降りかかることが予想できて」「会社に自分が利用できるリソースがなく」「その会社にいると自分のスキルが伸びそうにない」と思ったときが、**転職を考えるタイミング**だ。

■ マネジャーはどうするのが正解か？

会社にはいろいろなフェーズがあって、**退職者をあえて出して人を入れ替えるタイミング**もあれば、**経営判断の失敗から意思に反して社員が離れる**こともあると思う。

もしあなたがこういうタイミングでマネジャーの立場であったなら、正直しんどいと思うけど、退職者流出の流れを止めるのは難しい。現実的にできる対応は、人が辞めても仕事が回るチームにする、それだけだ。

「○○さんじゃなきゃできない」という属人的な仕事が多いと、○○さんが辞めた途端にチームはピンチになってしまう。だから常日頃からリーダーは仕事を分解して、ある程度の人がいれば回るしくみづくりにエネルギーを注ぐことが重要になる。

どんなフェーズでも仕事が完結する体制を整えること。それがマネジャーの仕事だということだ。

3

「いつでも転職できる人」になっておくのが不安をなくす唯一の方法

――大手はオワコン？ベンチャーに転職すべきでしょうか？

■ なぜ人は一生安泰の会社を辞めるのか？

報道を見ていても自分の肌感覚でも、「入社したら一生安泰」のはずの大企業を、**入社1年目、2年目であっさり辞める**人が増えている。

僕らがいる業界で言えば、大手と言われるテレビ局や新聞社は、1コンテンツにかけられる予算が減っているから、出世よりも現場にこだわり、今までにない「新しい仕事」「お金をかけた大きな仕事」をしたい人は、世代を問わず大手から配信メディアに転職したり、独立を選ぶ傾向があるかもしれない。

ただ、こういう動きを見て「大手はオワコン？」「自分はどうしよう」と**心がザワザワしてしまうのは、日本は転職・独立する人が今まで少なすぎたから。**今後は社会全体で転職がスタンダードになってくるから、ザワザワの回数は減ると思う。

■「上が詰まっている」問題

一方、20代〜30代の若手でも、会社で出世して、組織の中枢に食い込むことに魅力を感じている人は辞めていない。

ただ一般的には40代後半になると、どんな業界にいても組織の構造上の問題にぶつかって、転職を考える人はめずらしくない。理由は単純で、**社内の役職ポストに空きがないから。**

日本の「終身雇用制度」だと、会社をクビになることはまずないから、**大きな企業ほど組織の上で人が余る。**そうなるとよっぽど優秀じゃないと団塊ジュニア（アラフィフ世代）を追い越して管理職になるのは難しいし、団塊ジュニアであったとしても**そもそも管理職にたどり着けるかわからない**。その結果「この先、自分はここにいてどうなるんだろう」と、大企業にいる40代、50代ほどいろんな理由で不安になる。

■ 今の会社でなくても通用するか？

こうした不安をなくすには、**「今の会社を辞めても自分なら別の会社で食っていける」「いつでも転職できる」**と思えるところまで自分を磨くことだと思う。

大きな企業はのんきに仕事をしたとしてもクビにはならない。

だからいったん入れば、基本、一生食っていける。

でも「やっぱり辞めたい」と思ったとき、スキルを磨いてこなかった人が転職先を探すのは難しい。なぜなら**大企業ほどつぶしがきかない**からだ。

安定した組織では、既存のプロジェクトを**トラブルなく続ける仕事が中心**になる。

そこで磨かれるのは、新規プロジェクトを立ち上げる能力ではない。結果、その企業でしか通用しない人になる。

だから大きな会社にいる人は、会社の中だけで役立つスキルとは別に**「どこででも通用するスキル」**を身につける仕事のしかたを意識したい。

■ 人生には「リスクヘッジ」が必要

どんな会社からも「雇いたい」と思われる人になること。

それができれば「このままこの会社にいても大丈夫だろうか」と悩む必要がなくなるし、「いざとなったら転職すればいい」と思えるようになる。

そのためにも、社内のあらゆるリソースを使ってスキルを磨き続けること。

ただ、くれぐれも「独立心」や「壮大な野望」を語るのは社外の友人だけにしておこう。会社では**骨をうずめるフリ**をして静かに力を蓄えること。なぜなら出ていくつもりの人にいい仕事は決して回らないからだ。

そうしていればやがて力がついたとき、社内で好きな仕事ができる確率も上がるだろうし、いざ転職・独立、となったときも、武器を持つ人材として市場に出られる。

つまり**二重の意味でリスクヘッジになる**わけだ。

4

一次面接は「ガチャ」

――第一志望の会社を一次面接で落ちたショックが大きすぎます……

■ 面接の「敗因」なんてわからない

最初に**僕の一次面接の思い出**を話したい。

僕の就職活動はもう25年以上前の話だから、今とはまったく違うのだけど、当時、十数社受ける中でレコード会社だけが案内に**「自由な服装で」**と書いてあった。

そこで僕は、当然、「どっちだ？」と迷った。

スーツで行ったら「つまらないヤツだ」と思われそうだし、私服で行ったら「そんなこと鵜呑みにしたのか？」と笑われそう。

一体、どっちが正解なんだ……。

迷った挙げ句、結局、僕は**「スカジャン」**で面接に行くことにした。

結果は1回戦で敗退。

敗因がスカジャンだったかは知る由もないのだけれど、25年たった今もどっちが正解だったかわからない。

■ 面接は「運」

もし敗因の1つがスカジャンだったら、面接の担当者が「スカジャン、いいね」と思うか、「営業部に配属される可能性もあるのに、まじでスカジャンでくるなんて」と苛立って落とされるかは**「ガチャ」**的な要素が大きくなる。

つまり面接は運。特に**一次面接は実力よりも「運」で決まる**と僕自身は思っている。

■「落ちた＝無能」ではない

選考が進めば面接時間も長くなるから、その分じっくり人間性を見てもらえる。

だけど一次面接は短時間だから自己アピールがしづらいし、**面接官の体調や機嫌などの「コンディション」にも左右される。**だから一次面接に落ちたとしても、それがイコール無能かといえば、それはまったく関係ない。

一次面接は特にガチャ。これは新卒でも若手・ベテランの中途採用でも同じ。だからたとえ落ちても「運が悪かっただけ」と割り切っていいと思う。結果を引きずって苦しむより、さっさと切り替えて次に向かう。そのほうが人生はきっと拓ける。

■ガチャを乗り越える戦略は「ある」

ただし「ガチャ」とは別に、面接通過の可能性を上げる方法は「ある」。

たとえば一次だったら、面接官を務めるのはほぼ「現場」。

彼らは中間管理職の一歩手前の人たちだから、現場へのリスペクトがある人に入ってほしいと思っている。だから面接ではそこをしっかり押さえてアピールすれば、好感をもたれやすいし通りやすい。

たとえば営業系の職種なら、営業の現場をイメージして一兵卒として戦えそうな話をする。ホテルみたいなサービス業なら、自分が客としてリアルに体験したエピソードを語って**「自分もあんなサービスができる人になりたい」**と話すなど。そうすれば面接官も「この人となら一緒に働けそうだ」と思いやすい。

大切なのは**目の前の面接官が普段どんな仕事をしている人かを想像して「逆算」して戦略をたてる**ということ。だから一次や二次では間違っても「自分は現場なんかよりぜんぜん大事な経営職につきたいです」なんて言ってはいけない。現場を無視した大きな夢を語っても、一次面接の面接官には刺さらないし、いい印象を持たれない。

■「頭」を使え

もちろん同じ話でも、最終面接に出てくる役員クラスにこの話は響くと思う。

面接官は段階ごとに出てくる人の役職は違って、**段階ごとに好まれる話は違う**というのは覚えておきたい。**要は「頭を使え」ということだ。**

ドライなことを言うようだけど、たった5分の面接で自分のことをわかってもらえるわけがない。それなら自分自身をアピールするより、**目の前の面接官のハートを射抜く準備**をしっかりすること。それが面接の鉄則だ。

■「スタート」が違っても「ゴール」はそんなに変わらない

一次面接では、落ちた・通ったより、**短い時間で自分のベストを尽くせたか、自分という商品を適切にプレゼンできたかどうか**を見返すほうが先。早い段階で自分を掘り下げ、整理できたら、長い目で見たときそれは人生にとってもプラスになる。

ただ、新卒時の第一志望は人生の「第一歩」の「第一歩」みたいなものだから、ガチャの運が悪くても、最終で落とされても、絶望する必要はまったくない。

そこからどう自分の能力とブランドを築いていくかは、**スタートラインが違ってもぜんぜん大きく変わらない**から。

5

「ロベタ」でも転職活動で勝つ方法

——転職活動がうまくいきません　アピールが足りないのでしょうか？

■「中途採用」に求められるのは実力と実績のアピール

新卒、中途採用、どちらの面接官も経験した上で思うのは、**転職活動の場合、自分に自信があるように見せられないと採用されるのは難しい**ということだ。

若さや可能性が評価に加わる新卒と違って、30代、40代の中途採用はそれまでの実績がしっかり見られる。だから転職では転職市場に出た「自分という商品」が持つ能力や、これまでに残した成果について、自信を持ってアピールできる人が有利になる。

面接官は即戦力を探しているから、**アピールしない控えめな人の魅力を掘り起こしてまで採用しようとは思わない。**だからといって、仕事と無関係の能力や成果のアピールをしても面接官には響かない。**では効果的なアピールとはなにか？**

■ なぜその会社は中途採用をするのか？

「自分は物静かなタイプだから『陽キャ』がグイグイ自分を推すような自己アピールはできそうにない……」「どうにも口ベタ……」と不安な人も安心してもらいたい。

大事なのは「事前の準備」。僕がテレビ東京で面接官をしていて「この転職希望者はすごくいい」と思った人は、テレビ東京が中途採用を行う理由を自分なりに調べてきて、「自分ならこんな働きができる」と話してくれた人だった。

リアルな仮説を聞けば、その人とどんな仕事ができるかすごくイメージしやすいし、仲間になった姿が思い浮かべば、採用したい気持ちは自然と高まる。

つまり転職活動で大事なのは、**入りたいと思う会社が「中途採用を行う理由」を自**

分で調べて仮説を立てて、それに自分がはまっているとアピールすること。

自分でリサーチした結果、離職率が高い会社だとわかれば、根性があってしぶとい部分を自己主張するのも手だろうし、新規事業に挑戦中の会社なら、その分野への適性をアピールするのもいいかもしれない。

採用活動をしている理由がわかれば、「自分はあなたの会社の実情に合った人材だ」と訴えやすくなる。つまり**事前の準備をすることで、自分の性格とは関係なく（陽キャじゃなくても）、的確なアピールをしやすくなる**ということだ。

■事前準備は入社後の活躍に直結する

現職で働きながら転職活動を並行するのは大変だけど、**入りたい会社の下調べは採用後にも役に立つから徹底的にしてほしい**。相手の真のニーズを理解せず「仕事ができる」とアピールしても採用には至りにくい。

これは若者もベテランも全員同じだ。

6

仕事は「長期戦」で考える

――新社会人なのですが入社前の心構えを教えてください

■やりながら限界をさぐる

これから働き始める若い人、就職や転職をしたばかりの人に伝えたいのは、自分が仕事をする上で**「無理なこと」「無理じゃないこと（耐えられること）」を測る尺度を、早めに身につけてほしい**ということだ。

地に足をつけて長く働くには、この尺度を身につけているかどうかが大事になる。

最初は「なんでもがんばります！」という姿勢で仕事に臨むことになると思う。でもあれもこれも断らずに引き受けて経験をつみ上げるその一方で、「この業務はこれ以上長く続けるのは無理」「この手の人間関係の中にいるのはしんどい」など、**「自分がストレスと感じることはなにか」を冷静に観察することもすごく大事。**

どこまでなら自分は許容できるか、その尺度を探ることを忘れないでほしい。

■「大きな夢」を追ってはいけない

あなたが新卒で「大きな夢」があるとしたら、それはあくまで「夢」としていったん横に置いたほうがいいと思う。**大それた夢**をいきなり追いかけても、現実とのギャップに苦しむからだ。

地に足がついた具体的な目標を掲げられる人だけが、仕事という長距離走を完走できる。新入社員は特に、まずは自分がモチベーションを高く保てたり、成果が出せたりしそうな**現実的な中期的目標**を見つけるつもりで働くのがいいと思う。

「この仕事ではプレゼンのコツを先輩から学ぼう」

「この部署にいる間に、同業他社の同世代とコネクションをつくろう」などの身近な目標が見つかれば、適度なプレッシャーを楽しみながら仕事を楽しんでいけると思う。

■ 新人を迎える側は？

一方、新しい人を迎える側にも気をつけるべきことはある。

慣れた環境でうまく立ち回っている上の世代の人の中には、出世した自分の成功理由を「自分のやり方が正解だったから」だと思っている人がいる（生存者バイアス）。

もちろんそれは正解のこともあるけれど、このタイプのエネルギッシュな人（が多い）たちは、周りにも若手にも**親切心から自分と同じやり方をすすめることが多い。**

たとえば、**「納期が厳しい？　やればできるよ！」「仕事量が多い？　大丈夫！　俺たちならぜんぜんいける、いける！」**など。

こういう人は仕事に対してストイックで、めちゃくちゃポジティブで、明るくて、基本的には本気でやればなんでもできると信じている。

しかも、自分と同じやり方は提案しても、無理強いをしてこない。

なにかあっても「大丈夫！　後は俺（私）がやっておくから」と言ってくれる。

こういう人は一見、すごくいい上司に見えるけど、新人からすると実はしんどい。

なぜならこういう人を見ると新人は、「自分も同じことができないと上司に悪い」と思うので、苦手な仕事でも上司と同じやり方で無理をしてしまうからだ。

「あの上司はぜんぜん悪い人じゃない。でも、あの人と話していると気が滅入る。**月曜日になったら、またあの元気な無敵の上司と一緒になる。**あの人は弱音を吐かない。だから僕も（私も）弱音を吐けない。ああ、疲れた。でも、あの上司は会社にも評価されているし……」。

■　人の数だけ正解はある

仕事のしかたは全員違うし違っていい。

なにが正解というものも案外ない。

だから新人は「上司のやり方で続けるのは無理」だと思ったら、早めに自分なりのやり方を探せばいいし、上司は上司で自分のやり方がすべてだと思わないほうがいい。

新人には新人にしかできない仕事のしかたで成功してもらう方法もある。

僕が新人ディレクターと組むときも、今数字が取れる人気のテーマや僕が好きそうなネタではなく、彼らの「好き」や独自の価値観でおもしろい企画を考えてもらう。なぜならたとえ突飛な企画でも、それをマーケットの真ん中に近づけるアドバイスなら僕のほうでできるからだ。

新人時代に上から学ぶべきものは、上司の好きや価値観ではなくその手法だけ。そうしておけば一人前になったとき、自分の「好き」を膨らませて成功する確率がより高くなる。お互いそれを覚えておくといいと思う。

7

転職先で浮いているなら「チャンス」

――転職したら紅一点で職場になじめず不安です

■自分と似た同僚がいないのは「チャンス」

転職した先に自分と似た属性（年齢・性別・性格など）の仲間がいれば、それだけで安心だし、困りごとや、わからないことも相談しやすい。

でも、見方を変えれば、自分と似た境遇の同僚がいないことは、決して嘆くべきことじゃない。**むしろ「チャンス」**になるからだ。

■ 自分だけの個性はなにか？

僕が尊敬する作家の1人に、今大活躍中の女性構成作家がいる。

彼女は以前からお笑いの構成をやっていて、男性的なお笑いの世界の感性に無理に順応しようと「自分らしくないネタ」を書いていた。**けれど残念ながら仕事はぜんぜん取れてなかった。**

でも彼女はそこであきらめず、構成作家の世界の中で「自分にしかない強み」はなにかを考えた。その結果**「そうか、私はおばさんだった」**とひらめいた。

周りの作家と決定的に違う自分の個性は、自分が視聴者と同じ「中年女性」という属性を持っていることだと気がついたのだ。

そこからの彼女は「中年女性」の目線からしか思いつかないネタを書いたり、メイン視聴者である中年女性の代表として「主婦目線で言うと、この企画は……」と意見を言ったりすることで仕事を増やした。

テレビの視聴者は主婦層が多いのに、実は主婦経験のあるつくり手は圧倒的に少ない。作家でもありご意見番のポジションを手に入れた結果、彼女の収入は3倍に増えた。つまり**似た属性の人がいないことをチャンスに、状況を１８０度変えた**のだ。

■ 自分らしさ全開でいい

「30代の女性」なら「30代の女性」だからこそできること、「50代の男性」なら「50代の男性」だからこそできることがある。

それを周りに発信すれば、同僚も取引先も、独自の視点や個性を認めてくれる。

そんなキャラクターが浸透すれば、転職した職場でも居心地はかならずよくなる。

これは転職に限らずだけれど、職場のノリや雰囲気に、無理やり合わせようと思ってしまうと苦しくなるだけ。そういうときは**自分から「自分らしさ」を発信**してみる。

そうすれば周りのほうがコミュニケーションを変えてくれる。

■ 誰でも転職者になる可能性がある

今の時代、誰にでも転職する可能性はある。

だから、これを読んでいるあなたが今、転職者の受け入れ側であったとしたら、新たに仲間になる人の「らしさ」や「強み」を一緒に探してあげてほしい。

転職や異動できた人は、少なからず馴染めなさを感じている。

その不安をほぐして、他のメンバーとの橋渡し役になり、転職者が力を発揮する手伝いができたなら、それはあなたにとってもチームにとっても大きな力になるはずだ。

チームの外から別の個性が加わると、どんな現場でも**化学変化**がかならず起きる。

それはプラスに働くこともあれば、マイナスに働くこともあるかもしれない。

でも新しい刺激がプラスに変われば、チームはかならず強くなる。

そのためにもお互いがお互いをリスペクトして、互いの個性を最大限に活かし合う。

それがなにより重要だ。

8

転職者には転職者の「勝ち方」がある

――転職先で結果が出せず周りの目が気になっています

■入社後の「正念場」をどう乗り切るか

中途採用の人は「結果」が出ないと焦ると思う。特に社会人経験が少ないうちの転職は、必要以上に周りの目が気になる感覚があるだろう。

なぜ中途採用だと焦るのか。それは転職活動中の面接で、とにかく自分を「優秀な人材」としてアピールする必要があったからだ。

できなさそうなことでも「できます」、未経験のことでも「大丈夫です」と言わないとなかなか面接を通過できない。**「できる風に盛った自分」と「本当の自分」**。その間に差があると中途入社後に「正念場」がやってくる。

■ 転職後「すぐに結果を出せる人」と「出せない人」の違い

ただ、歳を重ねるとわかってくるけど、**「盛った自分」と「実際の自分」の間にある実力差なんて本人が感じるほど大きくないし、実は会社も最初からそこまでの結果は期待してない。**

だから変なプレッシャーを感じても、そんなの気にせず「自分は大丈夫」と自信を持ち直すほうがぜんぜん大事。

転職後に仕事がうまくいかなくなる原因は、**向いていない仕事を任されていること**にある場合も多い。

誰だって自分が培ってきた知見や武器で、自然体でも結果を出せる**「得意ジャン**

ル」があると思う。でも**中途の人は不得意な仕事を「できると思って」振られることが少なくない**し、得意な仕事を転職先にアピールできずにいることも多い。

入ったばかりの会社で、「この仕事は苦手です」「あれをやりたい」などと言い出すことはもちろん難しいことだと思う。

でもなるべく早めにコミュニケーションを取って、**自分が結果を出しやすい仕事を振られるように動いたほうが勝率は絶対上がる。**

最初の一歩がうまくいけば「あの人、いいね」という第一印象が広まるし、緊張もほぐれる。だからこそ転職者は、入社をしたら得意ジャンルの仕事、不得意ジャンルの仕事を勇気を持って伝えたい。

■ 自分を必要以上に大きく見せない

僕は「転職」ではなく「フリー」になったわけだけど、今はいただいた仕事でも自分に合わなさそうな仕事については「これは得意じゃないから、うまくいかないリスクがある」と隠さず伝えることにしている。

自分を実際以上に大きく見せてもお互い不幸になるだけだから、「どんな仕事でもとりあえず引き受ける」という姿勢は僕の場合、取っていない。

あと僕の場合、この仕事では「なにを達成したいのか?」という**成果の「定義」**をクライアントと理解し合うことも大事にしている。

転職者なら仕事を進める上での「最終ゴール」を、新しい上司と最初にすり合わせたい。そうやって認識のズレを防げれば、自ずと結果は出やすくなる。

■「試されている」という転職者の気負いを理解する

中途採用の受け入れ側も、転職者のこうした事情は理解したい。

転職者には「どこがゴールでどんな力を発揮してほしいのか」、それをわかりやすく伝えることで、新しい環境に飛び込んで緊張している人からも**「本当の実力」**を引き出そう。

バラエティの世界でも、実力はあるのに意識のせいで、なかなかうまくいかない人がいる。でも**そういう人は1回1回の仕事で「自分は試されている」と気負いすぎて**

いることが多い。

僕はそういうとき、「あなたのこの部分が番組の企画にプラスになるとわかって声をかけている」「それ以上はプラスαだから、まずは期待された部分で結果を出すことだけを考えてくれればいい」と伝えている。

この言葉がけで、劇的に活躍が変わった芸人さんが何人もいる。

■的確に期待を伝えて実力を出してもらう

人は自分のどこが評価されているかわからないことが多い。

そうなると誰でも不安になるし、**自信がないからなんでもやろうとしてしまう。**

「評価される」ことを過剰に意識することで、挑戦しにくくなったり、萎縮したり……。結果、本来の力を発揮できなくなってしまう。

だからもしあなたが転職者を迎える側で、彼らが固くなっているのがわかったら、まずは期待していることをはっきり伝えてあげてほしい。それができれば転職者はより戦力になると思うし、組織にとってもいい新陳代謝になるんじゃないかと思う。

第3章

チーム

チームの人間関係をラクにする

部下は上司の、上司は部下の気持ちなんてわからない

自分にも他人にも完璧を求めない

若い頃、僕は幻想を追いかけていた。
自分さえスーパーマンになれば、チームの仕事やチーム内で起こるトラブルは全部解決できると思っていたのだ。

うまく回っていない目の前の現場をどうするか。
ベストパフォーマンスを出してくれないメンバーをどうするか。
それには自分がスーパーマン級のがんばりをすればいい。
そう思った時期があったのだ。
だけどいつもうまくいかなくて、がっかりすることのくり返し。

それはそうだ。人がベストパフォーマンスを発揮するのなんて、年に数回あるかないか。

基本的に僕らは失敗するし、サボりたがるし、愚痴はこぼすし、しょげるし、周りの人の目が気になるし、調子の悪い日もぜんぜん多い。それでもメンツは守りたいし、認められたい。

それが当たり前だと気づいてから、僕はいい意味で自分にも周りにも期待をしなくなった。

自分だって毎日調子がいいわけじゃないし、メンバーだってそう。だったらベストパフォーマンスじゃなくて、「失敗するのが当たり前」をモノサシにすべき。それにやっと気がついたのだ。

そうしたら初めて自分がスーパーマンじゃなくても、メンバーがスーパーマンじゃなくても、仕事がうまくいくにはどういう「しくみ」をつくればいいか、そこに頭を使えるようになった。

たいていの人は自分には甘いのに、他人には厳しい見方をする。特にリーダーは、自分がベストパフォーマンスを叩き出せている状態をモノサシに、他人の働きぶりをジャッジしがち。

やりがいのある業務を任されて、体調も良くて、プライベートも順調で、理想的なペースで仕事が進んで……。そんな何年かに一度、あるかないかのシチュエーションで発揮した自分のベストパフォーマンスを判断のモノサシにしてしまうと、自然とメンバーへの評価は厳しくなるし、いずれは自分を追い込むことになる。

リーダーのやるべきことは、メンバーがベストな状態でなくても回るしくみをつくること。これに気づいてからチーム運営はラクになった。

上司と部下、先輩と後輩、ベテランと新人……。

チームの人間関係は、「役職の差」「年齢の差」「経験の差」など、さまざまな「差」で複雑になっている。

その結果、年下上司のもとで働く人は、心のどこかで「おもしろくない」と思っているかもしれないし、年上部下を抱える人は、役割だからと割り切れずにやりにくさを感じているかもしれない。

そんなチームで仕事をすれば、トラブルの1つや2つはかならず起こるし、感情のもつれが原因でトラブルになることもある。

でもチームというのは言ってしまえば先の「差」があるために、上司は部下の、部下は上司の、先輩は後輩の、後輩は先輩の、ベテランは新人の、新人はベテランの気持ちなんてわからないもの。

だからチームとしてのベストパフォーマンスを目指すなら、メンバー一人ひとりの感情を理解してそのもつれをほどこうと努力するより、「わからないものはわからない」と割り切って、それでも自分も周りも必要最低限の成果が出せる「しくみ」を整えることを考えたほうがいいと思う。

メンバーはメンバーで、自分のことをリーダーが完璧に理解すべきと期待するより、いつかはそのポジションになるかもしれない自分のために、自分と異なるリーダーの考え方を学んでみるのがいいと思う。

お互いそのほうが、悩みも不満もたまらない仕事のしかたができるから、一度、試してみてほしい。

1 リーダーは「内気」なくらいがちょうどいい

——内気な性格なので
リーダーになるのは不安です

■「内向的」がむしろいい

僕は**内気で補佐役タイプのリーダー**が、うまくチームをまとめている場面を何度も見ている。

控えめな性格でもいいリーダーになれるのには、２つ理由があると思う。

①他人の長所を見つけやすいから

補佐役タイプは他人の長所を見つけるのがすごくうまい。適材適所に人を割り当てるのも上手だし、部下のほめどころもわかっている。「自分はリーダー向きだ」と思っている人よりも油断しないぶん、ソツのない仕事もできる。

②苦手は「事前の準備」ですべてカバーできるから

内向的な人は部下とコミュニケーションをとったり、会議で注目されたりするのを負担に感じる人が多いけど、これは事前の準備でカバーできる。必要以上の緊張を防ぐには、メンバーに伝えたいことをあらかじめ箇条書きのメモや原稿にまとめれば、それだけで気持ちは楽になる。だから内気な人でもリーダーに向いている人は案外多い。忘れてはいけないのは、**管理職の任務は「マネジメント」であって、外向的な話のうまさじゃない**ということ。内気なタイプのリーダーは、事前準備に少し時間がかかるだけで、それは活躍をさまたげるものではまったくない。

■内気なリーダーは人気者が多い

内向的な人が組織で人気者になることは少なくない。

なぜならこのタイプは聞き上手で、相手の話を楽しそうに「うんうん」と聞く人が多いからだ。

人は自分の話を聞いてくれる人が大好きだし、自分を受け止めてくれた相手にはなにかお返しがしたくなるもの。これは若手でもベテランでもまったく同じ。だから**内向的なリーダーの周りには自然と人が集まる**し、上下をつなげる存在としても重宝される。

もし話を聞くだけじゃなくて「あの人と話してよかった！」という印象を残したいなら「相手がどうなりたいか」を想像すれば、案外ラクに気の利いた返しもできる。

リーダーと雑談したいメンバーには、たいてい**「言われたい言葉」「なりたい気分」**があると思う。それを意識しながら聞き役に徹すれば、相手に合わせた効果的な返しができる。

■「聞き上手」な人を嫌いになる人はいない

管理職になったら、チーム全員の補佐をする気持ちで仕事をしつつ、メンバー一人ひとりにその人のよさをできるだけ早く伝えたい。

想像すればすぐにわかると思うけど**「聞き上手で、自分のよさをわかってくれる上司」を嫌いになるのは難しい。**

内気な補佐役は自分の長所を活かすことで、理想的なリーダーにかならずなれる。だから安心してリーダーになってほしい。

2

「他人のやりがい」なんてわからない

――「やりがいがわからなければ動けない」という若者に困っています

■若者のやりがいなんておじさんにはわからない

「やりがい」ってむずかしい。

「やりがい、やりがい」って連呼して、ぜんぜん手を動かさない若者も違うと思うし、僕らのようなおじさんが「とにかく黙って言われた通りにやればやりがいなんてそのうち見つかる」と言うのもなんだか違う。

ただ、1つ確実に言えるのは、**「若者のやりがいなんておじさんには絶対わからない」**ということと、**「やりがいを感じていない人が、他人にやりがいなんて説明できない」**ということだ。

■ あなたは充実しているか？

おじさんは「自分が諭せば若者もやりがいを見つけられる」と思ってしまうと道を間違う。やりがいがわからなければ動けない、という若者に僕らができることがあるとしたら、それは**背中を見せること**だけ。

自分が充実しているわけでもなく、ただ組織に流されているだけなのに、「やりがいっていうのは、仕事をしていくうちに見つかるものだ！」なんて言ったって「なるほど！　そうですよね！」とは絶対ならない。**「いや、おまえはどうなの？」**と思われるのがオチ。

年長者がやる気にあふれて魅力的に見えていないと、若者だってやりがいを感じられない。

だから僕らおじさんが若者と一緒にプロジェクトに取り組むときは、「このプロジェクトに自分はこういう目標を立てていて、ここにやりがいを置いている」ということを「背中」で見せるのが一番じゃないかと僕は思う。

■ 姿勢を伝える

たとえば僕は番組の収録現場では、あえて誰より「一番笑う」ようにしている。

それは現場を楽しんでいることを積極的に周りに見せることで、**「この現場には価値がある」と伝えるため。**

おじさんがそのプロジェクトに価値があることをまずは自ら示して伝える。

それが**おじさんの責任**でもあるんじゃないかと思っている。

年長者が現場にやりがいを感じていて、その姿が魅力的にさえ映っていれば、若者は若者でその現場から、自分なりのやりがいをきっと見つけてくれると思う。

■やって初めてやりがいがわかる仕事もある

その一方で、若者がおじさんに「やりがい説明」ばかり求めるのも違うと思う。

一見、やりがいの見えない仕事はコスパが悪く感じるかもしれないけれど、**仕事はやって初めて見えるものもある。**

特に働き始めの最初の頃は、頭でっかちにならず、言われたことはやってみる。

「これは自分の仕事じゃない」「こんなことやってなにになるの?」と、なんでも否定的になるんじゃなくて、いろいろやってみているうちに**「自分はこういうところにやりがいを感じる人間なのか!」と気づくこともあるはずだ。**

僕も20代は**「声をかけられたらなんでもやる」**と決めていた。

だから動物番組のＡＤから生放送の選挙特番まで、それがやりたいことやほんとに希望する仕事から離れていても、二つ返事で引き受けた。

結果、そこで自分の「得意」がわかったことは、その後の大きな財産になったと思うし、自分にとってのやりがいも、早く知ることができたと思う。

■成長を手放さない

上司であっても他人のやりがいまではわからない。

経験が少ないときに、「なんのためにやるんですか？」「やりがいを先に教えてください」と頭だけで考えると成長するチャンスを逃してしまう。

だからそれはおすすめできない。

仕事には「実際に手を動かした人だけが手に入れられるもの」がかならずあるのだ。

■「やりがい」ではなく「利益」にする

やりがい問題は複雑だけど、それとは別にリーダーは、**やりがいを利益に変えること**が実は一番重要じゃないかと思っている。

「ここで成果を出せばこんな評価を得られる、費用対効果は悪くない」とメンバーそれぞれが腹落ちできれば、やりがい抜きに、若者でもおじさんでも仕事へのモチベーションは上がりやすい。

だから会社は、「やりがい管理」というよりは、メリットをきちんと伝えることに頭を使うといいと思う。

■ やりがいは人それぞれ

結局のところやりがいなんてそれぞれ違って、それは本人の中にしかない。

たとえば僕の場合、仕事で一番やりがいを感じるのは、おもしろい仕事をした後、みんなでお酒を飲んでいるとき。

でも、これだってみんなが鉄板で共感することだとは思っていないし、**やりがいを感じる部分なんて一人ひとり違っていい**と思っている。

３ やる気を出させる「魔法の言葉」なんてない

——今どきの若者はどんな言葉なら
やる気を出してくれますか？

■ 若手は「自分のやり方」でうまくやりたい

若手と接するとき、僕は**「自分はおじさんだ」ということを頭に入れて話す**ことがものすごく大事だと思っている。つまりは**年齢差を自覚する**ということだ。

今の若い人は小さな頃から、われわれの何十倍もの情報の中で生きている。

何事もネットで調べているから、どんなことにも通り一遍の答えを持っているし、そつがない。バランス感覚にも優れていて優秀。

ただ、良くも悪くも通り一遍の答えを持つがゆえに、失敗をくり返すことも多い。

たとえば仕事上の問題は、すぐに検索してすぐそのまま行動する。

それが現場とズレていても気づけない。

そんな若手に遭遇すると「やる気や柔軟性に欠けるなあ」と思えて一言言いたくなるのだけれど、彼らは**やる気がなくて検索に頼っているわけじゃない**。彼らにとって大事なのは**タイパ**と**コスパ**、そしてなにより**周りからミスを指摘されない**こと。場違いな失敗をするのは怖い。だから検索で無難なやり方を探しているのだ。

こういうことは僕らが若い頃にもあったものだし、当時もおじさん世代から「最近の若いヤツは……」と言われてきた問題と**根っこの部分では変わっていない**。

若くて経験が少ないときほど自分の手札にこだわるものだし、自分のやり方でうまくやろうとしてしまうもの。そこで「仕事はそういうものじゃない」と客観視できるのは、きっとおじさんたちが年齢を重ねているからだろう。

■「パワハラ」で訴えられる人の共通点

悪気はないのにパワハラをしてしまうおじさんたちは、実際よりも自分が「若くて」「気さく」だと思い込んで失敗するパターンが多い。

若手にとっては、自分よりはるかに年上の人からなにか言われたら、心理的な負担が大きい。それなのに自分が「若くて気さくだ」と思い込んでいるおじさんは、それに気づかず遠慮のないことを言ってしまう。

発破をかけるつもりの叱咤激励が、相手に「パワハラだ」と思われる原因はコレ。

そういう意味でも「自分はおじさん」という自己認識は重要になる。

■つっこまれる存在になる

僕も油断をすると20代と話すとき、自分が34、35歳の気持ちで喋ってしまう。

だけど実際は40代後半の立派なおっさん。そんな人間が若い人に、妙に若いテンションで叱咤をしたら引かれてしまう。

僕も何度かの失敗の後は、若者との年齢差を自覚して、自分の年齢なりのスタンスを保つことを心がけたり、あと、話すときは**「ユーモア」**を意識している。**大事なことを深刻なトーンで伝えると、若い人は怖がるし萎縮する。**

そうなると士気が下がるし、チームは本来の能力を発揮できない。

少し話はそれるけど、僕のラジオ『オールナイトニッポン0(ZERO)』が比較的長く続いているのは、早い段階でリスナーに**イジれるおじさん**だと思ってもらえたことが大きいと思う。もともとそういう側面はあったけど、格好つけるのをやめたのだ。

気軽に意見してくる若い人を近くに置けないおじさんは、50歳を過ぎると**関わると面倒くさい存在**になる。だから普段から**つっこむスキ**があることは大事なのだ。

そんなわけで結論として言えるのは、確実に若手のやる気を引き出す**「魔法の言葉」は存在しない**ということ。

だからそんな言葉を探すより、「話し方」に気を配りたい。よかったところはほめる。ダメなところは指摘する。ただし相手の**人間性や性格は否定しない。**

上司の言葉は若手にとって、**金属バット並の凶器**になる。だからユーモアを持って丁寧に話す。そうすれば若手もやる気を落とさず、きっと力を発揮する。

4

「チームの空気が重い」のはリーダーが自分を「チームの外」に置いているから

――部署の空気が重苦しい……どうすれば活気が戻りますか？

■「やればできる」でチームの雰囲気は変えられない

「ワン・フォー・オール、オール・フォー・ワンで、がんばろう」

「力を合わせれば達成できる！」

「ワンチームになって、ここから切り替えよう」


そんなポジティブなスローガンでチームを活気づけようとしても、人の心を動かす

ことは多分できない。

チームに重苦しい雰囲気が漂ったとき、僕がリーダーだったら「このままの状態で仕事を進めても、たいした成果は出ない」という、**ネガティブシミュレーションをメンバーに早めに伝える**と思う。

■「期待感」を共有する

「このまま仕事を進めても、たいした成果は出ない」という一言が共有されると、自分もひっくるめて、危機感から場の雰囲気はガラッと変わる。

その上で「でも、この仕事にはポテンシャルがある。フレッシュなアイデアがあと1～2個加われればきっともっと成果が出る。だからみんなでアイデア出しをがんばろう」と**具体策を提案**する。

チームに**今から取り組むべきタスク**を周知し、それが**成果につながるという期待感**が広がれば、チーム全体の士気はかならず上がる。

■「自分」と「メンバー」を分けてはいけない

1点、ここで注意したいのが、リーダーとメンバーの意識が分かれないようにするということ。**「リーダーは指示を出す人」「メンバーは現場で働く人」と役割を分けて語ってしまうと、メンバーは受け身になって「チームがうまくいかないのはリーダーのせい」と考えてしまう。**そうなるとチームは機能不全になりやすい。

だからリーダーは率直に「自分もプロジェクトの一員として、努力が足りていない」と打ち明けつつ、自分もメンバーと同じ立場に立って、「このままだと成果が出づらいから、一緒にやってくれないか？」と呼びかけたい。

自分とメンバーを分けない話し方、言葉づかいを意識することで、重苦しかったチームの雰囲気は変わっていく。

■負担をチェックする

それとは別にチームの雰囲気が重いとき、リーダーには違う視点から改めて確認してほしいことがある。それはメンバー一人ひとりが**負担超過**じゃないかということだ。

たとえばリーダーが上からの指示で過剰な仕事を持ってきたら、メンバーとしては、**「誰が現場を動かすんだよ」「上にいい顔ばかりして」**とチームの雰囲気は最悪になる。

これをリーダーが気合いで押し切ろうとしようものなら余計に気持ちは離れていく。

リーダーは確実に成功させたいプロジェクトがあるときほど、それが高いクオリティで実行できるようにメンバーの負担をコントロールする必要がある。

水がいっぱいのコップに新たな水を注ぐには、今ある水を減らさないといけない。

それを差配するのがリーダーの役割だ。

どれだけ思い入れがある仕事でも、自分1人でできることなど1つもない。

チームが力強く同じ方向に進めるように、言葉と態度と行動でメンバーのモチベーションを上げること。それもリーダーの大事な仕事だ。

■ メンバーは「お手並み拝見」になったら損

しらけた空気のチームにいると、メンバーは「この空気をつくっているのはリーダー」「リーダーに力がないからこんなチームになっている」「ここはお手並み拝見」と**様子見**する人もいると思う。

でも、**負けているチームであきらめずに最後まで声を出す人を記憶する人は少なくない**。意気消沈したムードの中、「どうにかしよう」とアイデアを出したり、建設的な意見を言ったり。そういう人はいつか別のメンバーが新プロジェクトを立ち上げたとき、「あの人に参加してほしい」と白羽の矢を立てられやすい。

順調なプロジェクトで活躍しても実はそんなに目立たない。でも、そうじゃないプロジェクトで前向きな存在感をアピールできれば、それは大きなチャンスにつながることがある。

だから**しらけたチームにいるのはチャンス**。こういうときこそポジティブにリーダーを助けていれば、いつかそれは幸運のチャンスに変わるはずだ。

5

部下と仲良くしたがると仕事はうまくいかない

――話しやすい職場にしたら部下に舐められて困っています

■上司と部下の間柄は「友達」じゃない

若くしてリーダーになった人にもベテランマネジャーにも、共通して伝えたいアドバイスがある。

それは**「部下にフレンドリーな態度をとりすぎるな」**ということだ。

リーダーにはやっかむ同期もいるだろうし、年上の部下がいる可能性もある。それが若いうちの抜擢ならなおさらだから、そうなると**「できるだけ人間関係では揉めたくない」「話しやすいフレンドリーな職場にしたい」**と考える気持ちはよくわかる。

でも、上司と部下は、仕事上のルールで決められた上下の関係。

「いい空気」にすることが管理職の「やるべきこと」かと言えばそれは違う。

リーダーが仕事ですべきことは別にある。まずはそれを再確認して、成果のためには部下にどんな働きをしてもらいたいかを整理する。

リーダーの仕事は仲良くなるより**まずはここ**、だ。

■個人的に仲良くなるとチームはまとまらなくなる

会社は働く場であって、それ以上でも以下でもない。

だから管理職はやるべきことを整理したら、それを実現するための「評価基準」を示したい。**それさえすれば年齢に関係なく部下に舐められることは多分なくなる。**

上司としての目標と評価基準を伝える前に、話しやすさばかりをアピールしても、「軽そうな人」と思われるのがオチ。

僕も基本的には仕事の人とは仲良くならないと決めていて、テレビ東京時代も、自分から誘って同僚や後輩と飲みに行くことはほとんどなかった。

上司なんてそのくらいの距離感でいいんじゃないかと思っている。

なぜならチームが大きくなればなるほど、メンバー全員と仲良くするのは難しいし、部下と個人的に仲良くなったら公平な評価なんてできなくなるから。

その結果、「あの人はひいきがある」「あの人の評価基準は親密度によってブレる」と思われたら、チームなんてまとまらない。

■「いい雰囲気」を目標にしない

リーダーは**一度決めた評価基準は途中で変えない**というのも重要だ。

野球の審判のストライクゾーンと同じで、評価基準が人によって違ったり、日ごとに変わったりすると、絶対信頼してもらえない。

「いい雰囲気」をゴールに据えると、相手に合わせて評価基準がブレやすくなる。

だから**リーダーは話しやすい「いい雰囲気」を優先目標にしてはいけない。**

■ 成果が上がれば雰囲気は勝手によくなる

成果を出すチームになれば、雰囲気なんて自然とよくなる。

だから、リーダーは人間関係を気にするより、チームの「成果」にフォーカスしたほうがいいと思う。

実はチームクラッシャーになりがちな問題児ほど「評価されたい気持ち」が強い。だからそういう人がいるときほど「評価基準」をきちんと示して、「結果」でいい雰囲気をつくっていこう。

もちろん一緒に働く同僚、部下との仲がよければ、気持ちよく仕事ができるし、険悪な雰囲気の漂うチームで仕事をするのは誰だって嫌だ。

でも必要なのはよき「仕事仲間」。

いい仕事をしていればいい仕事仲間は勝手に増えるし、いいチームになっていく。

6

部下をうまくほめられないのは自分の中に基準がないから

——なぜだかいつもうまく部下をほめられません

■ なぜあなたはほめられないのか？

部下をうまくほめられない人は、「評価基準」が定まっていないのかもしれない。

メンバーごとに「この人はもっとできるはず」「この人はこのくらいで十分かも」「この人は……」「ここでは……」と、その場その場でジャッジをしたり、**「この人の喜ぶところはどこだろう」**と考えてほめるのはおすすめしない。

軸がブレるし、ほめられたほうは毎回ポイントが変わるからすごく混乱するからだ。

■「基準」があるとほめやすい

人をほめるにはテクニックが必要で、そのベースになるのが「評価基準」。

僕の場合、「革新的」か「効率的」だと感じたときにはほめようと決めている。「それ、新しいね」「その切り口ありそうでなかった」、「そのやり方だと早いね」「その準備があるとムダがなくてすごくいいね」、そう思ったらほめる。

この基準は誰に対しても変わらないから、ほめるポイントはすぐ見つかるし、ほめるときも迷わない。

部下は**「ほめられるポイント＝評価されるポイント」**と理解するから、基準はブレたり、不的確であってはいけない。

だからリーダーは、メンバーになにを大事にしてほしいのかをしっかり整理した上で評価基準を定めること。

たとえばとにかく職場の空気を明るくしたいなら、その部分への貢献を評価してほめるべきだし、新しいアイデアがほしいなら、そこを基準にしっかりほめる。

こうした基準を自分の中で持っていないと、よっぽどの「ほめの達人」でもない限り、他人をほめるのは難しい。でも基準が明確なら、「ほめどころ」はすぐに見つかる。

■部下のモチベーションを上げる「上級ほめテクニック」

それとは別に、メンバーが普段**「自信がなさそうにしている分野」の中でキラリと光るところを見つけてほめる**という「上級テクニック」も紹介したい。

僕は20代の頃、初めて企画が通った**「ナミダメ」**や、その後に携わった**「TVチャンピオン」**でも、数字の取れる回と取れない回の差が大きくて「お笑いのディレクターとしてのセンスが要求される番組は僕には向いていないんじゃないか」と悩んでいた。

そんなとき**「大人のコンソメ」**という番組の総合演出をすることになったのだけど、このとき**おぎやはぎの矢作**さんが「佐久間さんは編集がうまくて番組をおもしろくしてくれるから、演者として安心して任せられる」みたいなことを言ってくれた。

これは初めて他人に**自分のストロングポイント**を見つけてもらえた瞬間で、「俺って編集が得意なんだ。だったらまずはここを極めよう」と、初めて自信を持たせてもらい、本当にうれしかったのを覚えている。

部下は自信を持っているスキルより、悩んだり迷ったりしている部分にある長所をほめてもらうと、それが強力なモチベーションになることがある。

その人が特に時間をかけてきたこと、でも、自信がなくて揺れていること。そこにある小さな長所を認めてあげると、部下は背中を押されて一気に伸びる。

リーダーはそんな視点も持ちながら、メンバーのいいところを探していくと、ほめ上手になれるだろう。

7

リーダーの仕事は「部下の武器」を借りること

――アドバイスを受け入れない「年上部下」との正しい付き合い方を教えてください

■相手のいいところを先に伝える

「年上の部下」。これは誰にとっても難しい問題だ。

「気を遣う年下の立場」と「上司という立場」が交差する。

ちなみに僕は上司として年上の人とチームを組むとき、その方の**「強み」や「評価している能力」をできるだけ早めに伝える**ことにしている。

というのも年長者の方たちは、多少なりとも**「自分はやっかい者だと思われている」**と思い込んでいることが多いからだ。

こういうケースで一番やってはいけないことは、その思いをあおること。

話すときもマイナス面から先にアプローチすると、だいたいはうまくいかない。

「ここだけ改善してくれたらもっとよくなる」というアドバイスが、「やっぱり疎ましく思われているんだ」という確信につながるからだ。

■「あなたの力を借りたい」と伝える

年上の部下とうまくチームを組むには、この思い込みをまずは取り去ってもらうために**「あなたのこの力を借りたい」という「期待感」や「信頼感」を、過剰なくらいに伝えたい。**

言い方は遠回しじゃないほうがいいと思う。僕だったら**「これは自分にはできない仕事なので、○○さんの力を借りたいです。よろしくお願いします」**といった声がけをする。

そうすると副次的な効果も手に入って驚くことがある。**なぜか自然と「評価されていない部分」を自覚してくれる**のだ。

それはおそらく、ほめられて頼られる部分がある一方で、そうではない部分は「自分の配慮や力が足りていないからだ」と気づいてくれるからだろう。

一方的な思い込みを取り去ることで、年上の人たちが気持ちよく働けて、かつ不快感なく自ら業務の改善点に気づいてくれたら一石二鳥。これは試してみる価値ありなので、うまく伝えてベテランの力を大いに借りたい。

■「試す」より「頼る」

ただ考えてみればこのアプローチは、**相手が年上、年下に関係なく大事なこと**なのかもしれない。

メンバーが若かったとしても、「あなたのことをきちんと評価している」と言われたらその人はきっとやる気が出るし、管理職のベテランだってさらに上の上司から「次のプロジェクトもここを頼むぞ」と期待されたらやる気が出る。

「必要とされている」という期待がわかると、人は仕事に向かう自信が持てる。

逆に、上がほめたり評価することを怠ると、下は「どうしたら評価されるか」ばかりに頭がいく。そうなると能力を発揮しにくくなるし、これはよくあることだけど、毎回、**上司から試されている**と感じて委縮する。

■ 武器を見つける

「ほめる、評価する」ということは、**部下の武器を上司が見つける**ことでもある。ほめるためにはいいところを見つける必要がある。

だからあなたが今、チームでは上司の立場で、部下がチームにプラスをもたらしたなら、すかさずそれをメモに残して、面談などで具体的に伝えたい。

「自分は大事にされている」「必要とされている」「頼られている」と感じさせるのは上司がすべき大事な仕事。どんなに忙しくても、余裕がなくても、決して部下に「ないがしろにされた」と思わせてはいけない。

■ 優秀な「年下上司」につくのは幸運

一方、年下の上司が自分の上についた人は、ショックを受けているかもしれない。**「自分よりあいつのほうができると思われているのか」「なんで自分じゃなくてあいつなんだ」**。そう思ったら「指示になんて従うか」という気持ちになるかもしれない。

でも冷静に考えよう。**その状況はチャンスでしかない**。年下上司は優秀だから若くして出世している。そうだとしたら同じ組織にいるボンクラ上司に命運を託すより、プライドとメンツは横に置いて、若い上司に100％ハマったほうが、周囲は「おじさんだけど仕事はできる」と思ってくれる。

結果、上司からもメンバーからも**「信頼できるナンバー2」**だと認識されたら、**キャリア逆転の芽**が出始める。なぜなら若くして出世する人には敵も多くいるからだ。そういう人が小さなミスで足をすくわれたとき、会社がどうするかといえば「だったらナンバー2のあいつにいったん任せよう」だ。**だから年下上司の下で腐っていてはもったいない**。ベテランこそナンバー2としての信頼を手に入れて、返り咲きを狙っていこう。

8

若手が管理職になりたがらないのは役職者《あなた》に魅力がないから

——若手が管理職になりたがりません

■ 若手はなぜ「リーダー」になりたがらないのか

若手が管理職になりたがらない最大の理由は社内に魅力的な管理職がいないからだ。

転職する人、副業する人、独立や二拠点生活で仕事を楽しむ人……など、SNSを見ればさまざまな生き方が身近に感じられる今、サラリーマンのキャリアの選択肢はグンと広がっている。

今や多くの人は「会社で出世する」より、人生が充実する道が他にもあることを知っている。だから待遇がよほどよければ話は別だが、基本的には目の前のマネジメント層が楽しそうでない限り、若手が「管理職になってみたい」と思うことは「ない」。

昔ながらの感覚で「管理職もいろいろ大変だけど、やりがいはあるから積極的に挑戦しよう」と精神論で期待されても若手の心は動かない。

なぜなら彼らの中で**「管理職になるメリット」を「デメリット」が上回っている限り説得力がない**からだ。

■ 管理職の仕事は魅力的に見えてこそ

若手にリーダーになってほしいなら、若手より先に**管理職側が意識改革をする**のが一番早くて効果的。具体的には、

①マネジャーは自分の言葉で「マネジメントの仕事の魅力」を若手に伝える

②マネジメント職の魅力が、見ているだけで伝わるような仕事をする

③マネジャー自身が楽しそうに仕事をする

身近な管理職がこの３つを実行できれば、若手は自然と「管理職になるのもいいかも」と興味を持ってくれるはず。

社内に「管理職ってキツそう」「ツラそう」「プライベートがなさそう」というイメージがついているなら、まずはその印象を変えること。 それが結果としてマネジメント人材の育成につながっていく。

■ なぜ僕は管理職の道を選んでないのか？

とはいえ、ここまで読んで **「そう言う佐久間は管理職にならずに退社したじゃないか」** と言う人もいると思う。

たしかにその通りだけど、テレビ東京には魅力的な仕事をする管理職の先輩が何人もいた。それでも僕が退社してフリーになった理由は３つある。それは、

①まだ現場でディレクターを続けたかったから
②父親が他界した55歳まであと10年だから
③テレビを超えた仕事もしてみたいと思ったから

僕は管理職になるより、現場で番組制作を続けたかった。

決断当時、**父が他界した55歳**が見えていた、というのも大きい。

45歳だった僕は、その先の10年を後悔せずに過ごしたかった。

管理職にならずに現場のディレクターとしておもしろいものをつくりたい。

それなら「フリーになるしかない」という選択だった。

会社員だと受けられない仕事が多かったことも理由にはある。「おもしろい」を「一番おもしろいところ」で表現したい。テレビにこだわらず、いろんな「おもしろい」を届けてみたい。そんな思いがあったのだ。


ありがたいことに、会社はすごく理解があって、僕がラジオのパーソナリティ（**オールナイトニッポン0（ZERO）**）にチャレンジしたいと言ったときも、特別に許可をしてくれた。ただ僕が変な前例になってこれが誰にでも許されるようになったら、現場や組織は破綻する。そのさきがけになりたいとは思わなかった。

30代の頃は「体力的なキツさもあるから、40代になったら現場より管理職に落ち着くのかな」と思っていた。

でもいざ40代半ばになると、まだ現場でやりたい企画が10本くらいあって、この気持ちは5年後も変わらないだろうと思えてきた。

自分でやりたい企画が10本もある管理職なんてうまくいくはずがない。**「若手に道を譲らなくちゃ」と思う一方で、一度きりの人生だし、やれる限りは好きなことをやってみたい。**だから僕は独立して好きなように生きてみようと思ったのだ。

■ 管理職の魅力とは？

会社の研修では**管理職側の意識改革**を求める声ばかりが若手から出るけれど、「ちょっと待ってよ」と困惑しているマネジャーは多いと思う。

僕のように純粋にマネジメント以外でやりたいことがある人は、**管理職という役割**

自体を頭から否定してはいけない。組織には管理する人が必要だし、これは進みたい道が違うだけ。

部署に関係なく会社で働く人は「チーム」で仕事をすることになる。だからどこかのタイミングで多くの人は、マネジメントの能力を身につける必要がある。特に将来、自分でプロジェクトを立ち上げたい人はこの勉強が欠かせない。

そんなとき管理職のポストについておけば、**マネジメントもチーム編成も実地で学ぶことができる**。またその間に、**自分が本当に勝負をしたいときに協力してくれるであろう人材の目星をつけることもできる**。そう割り切って30代のうちから管理職を務めるのも、同じ会社で長く働く人にとっては**大事な戦略**だと思う。

それでも僕みたいに「管理職より現場」という人がいたとしたら、会社には「管理職は必要だけれど、自分は◯◯という理由があるから管理職は希望しない」と真摯に伝えて、その理由を大切に自分のキャリアをつくっていこう。それも生き方の１つだから。

9 部下に舐められる人は「自分の強み」を信じていない人

――年功序列で役職についたので部下に舐められています

■自信のない人に人はついていかない

ときどき「職歴の長さで役職についた」ことを引け目に感じる人がいるけれど、そのキャリアはすごく立派だと思う。**なぜなら職歴が長いからこそうまくいく「マネジメント術」や「サポート術」は絶対にあるからだ。**

役職者にとって一番良くないのは、「自分に強みなんてない」と決めつけること。

自信のない態度を見せるリーダーには誰もついてこないし、信頼してもらえない。

■ 一目置かれる人になる

リーダーは**「自分にしかない強み」**を見極めて、それをどう生かすかを考えることが大事になる。これができるかできないかで、部下からの信頼は１８０度変わる。

もしも「職歴の長さ」が強みなら、それをどう使えば最も部下のサポートにつながるのかを考える。

たとえば**自分が過去に経験した仕事の成功例や失敗例をリストアップする**のはどうだろう。「あの取引先とは、過去にこんな失敗があった」「あの会社は急な仕様変更があるから納期については要注意」など、そんな経験を共有すれば、それだけでもメンバーは**「この人の職歴の長さはバカにできない」**と認識するはず。

そうやって自分にしか照らせない光でアドバイスできるようになれば、部下から一目置かれるリーダーにきっとなれる。

■「リスペクト」して任せれば チームはうまく回り始める

僕がチームのリーダーになったとき心がけたのは、**自分が不得意な仕事はメンバーを信頼して任せたこと。**

30歳くらいになってチームを持つと「もっと自分の力を伸ばしたい」「できることを増やしたい」となんでもかんでもがんばりたくなる。

だけど、どうあがいても自分よりメンバーが得意な仕事はかならずある。

そういう仕事はメンバーに任せたほうが絶対いい。

僕の不得意な仕事は、番組のテロップのデザインなど「ビジュアル」に関するもの。そういう仕事は無理をして自分でやらずに、得意なスタッフの力を借りてみた。そうしたら自分の経験値も増えて、チームの雰囲気もよくなり、番組は何段階もおもしろくおしゃれになった。

リーダーに必要なものは、自分でもがんばれば50点取れる仕事を、最初から100点取れるメンバーに任せる勇気。

「自分では届かなくても、チームなら届く」、そういう仕事は絶対ある。

それに気づかせてくれたのが**「ピラメキーノ」**という子ども番組だった。子ども番組向けのポップなビジュアルのセンスなんてなかった僕は、それが得意なスタッフを集めたことで、チームも番組もうまく回って大成功につながった。

■ リーダーは完璧でなくていい

自分の不得意な仕事を認めることと、自信のない態度を見せることはまったく違う。

リーダーが自分にできないことをしっかり認めて、それをメンバーに任せると、任されたほうのモチベーションは爆上がりする。職歴が長ければ**「ベテランの◯◯さんが自分を頼ってくれた」**と意気にも感じてくれるだろう。

ただここで大事なのは**リーダーが一番楽しそうに努力をすること。**

不得意を認めて任せるところは任せるけれど、総合的にはリーダーが最も高い熱量を持つこと。リーダーがそんな姿勢でいる限り、決してリーダーは舐められないし、メンバーはかならずついてくる。

第4章

メンタル

人は「不安」があるから成功できる

「メンタル優先」で考えれば人生はシンプルにうまくいく

「ＨＰ」と「ＭＰ」をコントロールできているか？

人生という長距離走を自分のペースで走り切れる人に共通するのは、「無理ができてストレス耐性があること」よりも、「自分で自分のメンタルを長期にわたってコントロールする術を持ってること」じゃないかと思う。

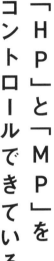

僕は自分の心と体を守るために、いつもロールプレイングゲームの「ＨＰ（体力）」と「ＭＰ（精神力）」をイメージしながら過ごしている。

おじさんになると疲れやすくて、若い頃より確実にＨＰの減少は早いから、ＨＰが減って「これはヤバい」となったらすぐ、銭湯に行って、うまい町中華に寄って、しっかり休むことに決めている。これでＨＰは回復する。

一方、「ＭＰ」のコントロールは難しい。

ＭＰはそもそも減っていることになかなか気づかないからだ。集中できなくてもこなせる仕事はあるし、ぼんやりしてても会議は進む。経験値が増えてくると、ＭＰが減ってもなんとかなってしまうのだ。

でも、この「なんとかなる」にはほぼ価値がない。

なぜならＭＰが切れると意思決定の質が下がるし、考えたところで解決しない問題を延々と考えてしまったりして、作業効率が下がるからだ。

「十分やれた」と思った仕事も、実はそうじゃないこともある。

だから僕は自分の「MPの上下動」にはしっかり注意を払っている。

たとえばバロメーターの1つにしているのは「面倒くさい仕事」。僕の場合、この手の仕事に取りかかるのが遅くなると危険なサイン。

仕事は面倒くさいものから先に片付けると、自分も周りも楽になる。ところがMPが減っていると、知らず知らずのうちに「楽しい仕事」や「苦のない仕事」から手をつけて、面倒くさい仕事を後回しにしてしまう。

結果、短いスキマ時間では片付くはずもない量の面倒な仕事が積み上がって、追い詰められる。

そうなってしまったとき僕がなにをするかと言うと、まずはしっかり眠る。10時間くらいは睡眠を取って、大事なのは寝たことを後悔しないこと。

僕はとにかく「睡眠がすべてを解決する」と思い込んでいるのだけれど、事実、寝て頭がすっきりしたらいいアイデアが思い浮かんで、それが面倒くさい仕事の解消につながった、みたいな経験も何度もある。

MPが減らないように1カ月先、2カ月先に楽しみを置くことも大事にしている。

たとえば出張が決まったら、調べに調べてその近くで1人でも行けるめちゃくちゃうまそうな居酒屋の席を1人分予約したり、スキマ時間ができたらいつでも映画館に行けるように、観たい映画の上映スケジュールを事前にGoogleカレンダーに同期させたり。

僕は事前準備が大好きだから、その作業をするだけでもＭＰは回復する。

仕事をしてると不安になったり、ストレスが溜まったりで、メンタルが不安定になることは、どんな人にもかならずある。

そんなとき、「誰々はがんばれているのに、自分は弱い」みたいな比較をする必要はまったくない。

メンタルが揺れるのは当たり前。

大切なのは、それが大事に至らないよう「自分で自分をいたわるルーティン」をつくること。

だからあなたも自分なりの「ＨＰ」と「ＭＰ」の回復法をぜひ探ってみてほしい。

1

「繊細な自分」もかわいいと思え

――失敗が心配で眠れません

■薬を飲むのも１つの手

疲れて眠りたいはずなのに、眠れないのはツライ。

だから本当に眠れない日が続くなら、**「心療内科に行って睡眠薬をもらうといいよ」**くらいの会話は、僕の周りでは普通に交わされている。

寝つけず寝不足のままでいるよりも、いったんは薬で眠ってしまって睡眠時間を確保したほうが、心と体の休息につながるからだ。

■ 眠れないときのルーティンをつくる

その一方で、こういう場面で気持ちをラクにする**自分なりのルーティン**を持っておくのは大事なこと。

たとえば、これは何人かの芸人さんから教わった方法だけど、寝られないときは**「失敗しても死ぬわけじゃない」とつぶやく**といいらしい。

芸人はピンならたった1人で舞台に立って、大勢の観客やスタッフを前に結果を出さないといけない。

プレッシャーは大きいから前日に眠れないこともある。

そういうとき彼らは「失敗しても死ぬわけじゃない」と自分自身に声をかける。

真面目な人ほど「失敗したらどうしよう」と仕事を深刻に考えがちだけど、「死ぬわけじゃない」と自分に言い聞かせると気持ちがスッと軽くなる。

■ 努力を「可視化」する

もう1つ僕がルーティンにしているのは、プレッシャーを感じる仕事があったら、**自分がその仕事でしてきた努力をカレンダーや手帳に書き込んで可視化すること**。

寝る前にそれを眺めると、「ここまでベストを尽くしたんだから、失敗してもしょうがない」と不安を鎮めることができる。

■ それでも眠れないときは？

それでも寝つけなければ、いっそのこと**「今日ぐらい一睡もしなくても大丈夫」と割り切ってしまう**のもアリ。

ある人気芸人もプレッシャーで眠れないときは「元気の出る動画を見てから寝る」とか、「激しめの音楽を聞いて自分を鼓舞してから寝る」とか、いろんなパターンをやってみたけどしっくりこなくて、結局はプレッシャーや緊張、不安を抱えたまま寝ないで現場に行くと言っていた。

不安で眠れなくなるのもひっくるめて自分。

眠れない自分を「かわいい」と思うくらいの**大らかなメンタル**でいいと思う。

寝られないからといって、間違っても自分を責めてはいけない。

■ 自分の操縦法を学ぶ

もちろん僕にも寝られない日はあって、特に**「ここは勝負どころ」**という大きなイベントのあるときなんかは寝つけない。

でも、若い頃と違って**そんな自分との付き合い方を学んできた**から、本番の前々日は徹夜をしたり運動してみたりして、あえて体を疲れさせて大事な日の前日は夕方から寝落ちする、みたいなルーティンを組んでいる。

こういうときは、緊張すると寝られなくなるタレントのマネージャーにでもなったつもりで、**自分で自分をうまくマネジメントする**のがコツだと思う。

■ダメな自分もかわいがる

自分のダメな部分を「なんとか直したい」とがんばると、人って逆に直らない。

ダメな部分も愛して「そうそう、俺はこういうダメな部分があるよね。じゃあ、どう準備しようか」、そう考えてしまうほうがメンタル的に疲れない。

若いうちは自分に期待しがちだけれど、歳を取ると「人が持っている弱さって、大人になっても直るものじゃない」とわかってくる。

メンタルが弱い人は強くならないし、プレッシャーを感じやすい人はずっと感じやすいし、繊細な人は繊細なままだし、根本的な特徴は変わらない。

人間は弱みを克服する方向には成長しない。

だから大人はそれをわかった上で、自分をかわいがりながらコントロールする方法を身につけるのがいいと思う。

2

「不安」があるから結果を出せる

――結果を出してもなぜかいつも不安です

■ できる人ほどいつも不安

「結果を出しているのにいつも不安」。

この言葉は案外、できる人から耳にする。

というのも仕事というのは「不安だから結果を出せる」ものでもあるからだ。

僕がテレビ業界で長年働いてきた中でも「優秀だな」と思った人たちは、みんな不安と闘っていた。

いつも不安だから他の人より多くのことに気がついて、プロジェクトの完成度を高めたり、失敗を的確に分析したり、新しいことを始めたりする。

■不安は「プラス」にも「マイナス」にも作用する

僕自身を振り返っても、不安がプラスの方向に作用してきた。

もちろん、ずっと不安ばっかりだったわけじゃないけれど、僕にも基本的には物事を**ネガティブに考えるクセ**はある。

たとえば、フリーになってから企画・演出した**「トークサバイバー」**がちゃんと評価されたとき、一瞬はホッとしたし安心感や充実感、達成感も味わった。

でも、しばらくすると**「この先、これを超える仕事なんてできるのかな……」**と不安になる。性格上、常にネガティブシミュレーションが欠かせなくて、成果を出しても「こうしたらダメになりそうだ」という方向に頭がいってしまうのだ。

でも、そうやって不安からくる課題をいつも潰し続けてきたことで、たしかにキャリアが前に進んだ。

だから**「なかなか自信が持てず、いつも不安になってしまう」という人は、不安も使い方次第でキャリアの武器になる**と考えるといいかもしれない。

■ 不安だから挑戦できる

僕は今、**「50歳になったら自分の笑いのセンスはズレてくる」**という前提で働いている。だからフリーになってからは別の武器を見つけるべく、地上波ではなくＹｏｕＴｕｂｅチャンネルを開設したり、お笑いではなく本格的なドラマを撮ってみたりと、**新しいチャレンジをすることで腕を磨いて不安と闘い続けている。**

ただやってみて気づいたけど、ＹｏｕＴｕｂｅの世界は厳しかった。

修羅の世界。

明確に自分のアイデアが今、どれくらいの人を惹きつけているかの数字が突きつけられるし、なにかあればすぐ登録者が減る。

しかもすぐ飽きられる。

自信があった動画が**「こんなに回らないの!?」**とがく然としたり、逆に当たるとは思わなかったものが当たったり。本当に先が読めない。

YouTubeを始めてからどれだけ不安になり、自尊心が傷つき、自分を疑ってきたか。でもこの経験は決して悪いものじゃない。

劇団ひとり、星野源さん、秋元康さん……僕が仕事をしてきたすごい人も、やっぱり不安でとにかく自分を信用しない。だから努力を欠かさない。そういう人が、結果的にデカい仕事を残している。

■「不安」と「自己肯定感」は別

不安がゼロで自己肯定感が高い人は、案外、結果が出ていないことが多い。

だから「不安」と「自己肯定感」は分けて考えていいと思う。

つまり「自分はいつも不安だから、自己肯定感が低い」と悲観的に考えず、**「正しい不安を持って結果を出せている自分のメンタルはすこぶる健全」**と思考の転換をするのがいいと思う。

そう捉え直すと、自己肯定感はぐっと高まる。

「不安を抱えて当たり前」「正しい不安を持っている」と自分に言い聞かせると、ものすごくメンタルは強くなるし、**自分を必要以上に過小評価しないで済む。**

そんな姿勢で自分の課題と向き合って、日々仕事を続けていると、たまにこれまでの不安を全部覆すくらいおもしろい1日がやってくる。

その瞬間にすべてが報われる気がするから、仕事っておもしろいしやめられない。

3

疲れるのは「完璧」を求めすぎるから

——細かなことが気になってしんどいです
鈍感になるコツはありますか？

■ なぜ疲れてしまうのか？

「自分だけが気づく小さなこと」を気にしてストレスを溜める人は少なくない。

こういう人は実は自分にも他人にも「完璧さ」を求めすぎていることが多い。

周りがさほど注意を払っていないポイントにまで目が行って、効率のよさや全体の完成度の高さまで細かく追求してしまう人は、細かな仕事ぶりが評価される一方で、

「自分がやらなくちゃ」と気を遣って疲れてしまう。

しかも自分の仕事ぶりに1つでも納得できないと、今度はすぐ自己評価が下がってまたストレスを溜めてしまう。

■ 完璧であろうとしない

以前、「バラエティに苦手意識がある」「いつも空回りをしてしまう」というアイドルから「どうしたらいいですか？」と相談を受けたことがある。

出していただくなら全力で番組にお返ししたい。

でも自分の個性にはおもしろみがない。

そんな悩みだった。

こういう人もある意味、**繊細で完璧主義の人**かもしれない。

このとき僕が言ったのは、「スタッフから見ておもしろみがない人は番組には呼ばないし、呼ぶのにはかならず『理由』がある。だから不安や苦手意識があるのなら

〝私が呼ばれた理由はなんだろう？〟を考えればいいだけで、**芸人レベルのおもしろさや完璧さなんていらないよ**」ということだった。

理由がわかれば、当日なにをすればいいかは自然とわかる。後はバラエティに出ているプロ中のプロの芸人さんがかならずなんとかしてくれる。

こういう人はバラエティ番組が苦手なら、「苦手」を前面に出すのも1つの手。**出演後にいつも「なにもできなかった」と落ち込んでいるのは本人だけ**で、俯瞰で見ればバラエティのプロではないアイドルは、呼ばれるだけですでに100点。だから必要以上に完璧を目指して、しんどさを感じる必要などまったくないのだ。

■100%完璧な人間はいない

些細なことでストレスを溜めるタイプの人は、**周りと自分を比べないこと**や**他人や自分の失敗を気にしすぎないこと**も大事になる。

僕も仕事をするときは、他人も自分も「多少の失敗は当たり前」だと思っている。うまくいかないことが1つあっても、すぐには「失敗」と捉えない。

失敗があっても、1つでも飛び抜けた結果が出ればそれでOK。なぜなら**細かい点までまんべんなく100%の仕事をし続けるのは人間には不可能**だからだ。

自分にも他人にも完璧を追求する思考法をやめない限り、絶対ストレスはついて回る。だから自己評価は「減点方式」をやめて、よくなった点やなにを達成したかを評価軸にする**「加点方式」に切り替える**のがおすすめだ。

■自分にも他人にも期待しない

僕は若い頃、ギリギリまでがんばった結果、心が折れたことがあるからこそ、メンタルマネジメントを自分の一番に置くことを貫いてきた。

たかが仕事、たかが会社。たかがあいつ、たかが自分。

仕事なんて「給料分働けば十分」だ。

自分にも他人にも完璧さを求めすぎるのはあまり健康的じゃない。

そこを目指すのはもちろん素敵なことだけど、それはあくまでも性格や志向の問題。誰でもやるべきことをやって給料分働けば、それだけで十分「プロ」なのだ。

4

決断したら選んだ道をまっすぐ進め

――転職活動中で無職
同期と比べて出遅れていて不安です

■ 40歳になったら差なんて消える

若い頃は周りと自分を比べて「出遅れている」と感じて焦る気持ちは誰にでもある。

僕ももちろんそうだった。

わかるんだけど、おじさんになった今だから言えることは、**「40歳を超えたらみんな同じ。たいして変わらないから安心しろ」**だし**「20代～30代までのちょっとした差**

なんて、マジで焦る意味ねえ」ということだ。

今の人は、僕が若い頃より賢いし、情報が多くていろんな準備ができている。だけど情報がたくさん手に入る分、10代の頃から自分を誰かと比べたり、比べられることに慣れすぎている。これはすごくしんどいと思う。

僕は生まれ育った福島県いわき市にいた頃、エンタメにふれられる環境は東京とは絶望的な差があった。

それでもクラスのヤツぐらいしか比較対象がなかったから、「俺は遅れている」と落ち込んだり、傷ついたりすることがほとんどなかった（東京の人にはかなわないだろうという想像はしていたけれど）。

それが今はＳＮＳを通してみんなが同じ場所にいられるから、**他の誰かと比べることがすごくかんたんに**できてしまう。

転職活動中だとしても、「独身、実家暮らし、無職」の自分と、同級生や同期のリアルタイムを勝手に比べて傷ついたり、周りから**「差がある」と見られているんじゃないか**と気にしたり。

いろいろ見えてしまうから、今の人にはそういうしんどさがあるかもしれない。

■「自分の選択」に納得しているか？

「人とは違う自分だけの道」は自分で見つけないとならない。

だけど社会に出ると日々の仕事に追われて、それを見つけるのは大変になる。

でも30代までならリスクをとれるし、「自分だけのなにか」を探す大事な時間を持てる時期。

だからリスク覚悟で会社を辞めて「自由な時間」を手に入れて、「自分だけのなにか」を手に入れようと決めたとしても、その勇気はかっこいいし、すごいと思う。

にもかかわらずその選択に不安があるなら、**それにチャレンジする「理由」が自分の中で納得し切れていない可能性がある。**

■ 焦っていい、開き直っていい

周りと比べたときに感じる劣等感は、使い方次第で勉強や努力の原動力になっていく。だから**劣等感を感じたらむしろ「ラッキー」**と思っていい。

芸人なんてまさにそう。「負の感情」なしに成功した人なんて1人もいない。

だから**「焦りがあるのがむしろ普通」**と割り切るくらいでちょうどいいし、20代～30代までなんて特に、そこから巻き返す時間はふんだんにあるから開き直っていいと思う。

もし、自分がした選択に不安があるなら、まずやってもらいたいことは**「なぜ今、自分はそれに向かってがんばっているのか」**、その理由を掘り下げて、自己分析することだと思う。

その理由に納得しているにもかかわらず焦りがあるなら、「それが普通」と開き直ればいいと思うし、後は自分が立てた目標に全力のエネルギーを注ぐために、**自分を「物語の主人公」だと思い込む**といいかもしれない。

試験勉強をがんばっているなら、自分を**「受験マンガの主人公」**だと思い込んで、

「この逆境で受かったらカッコいいぞ」と言い聞かせる。

そうすれば、絶対テンションは上がってくるし、劣等感を抱いていた今の自分の境遇すべてが「成功のための布石」みたいに感じられてくるはずだ。

■自分の道を自分のペースで歩けばいい

冒頭で「40歳を超えたらみんな同じ」と言ったけど、正確に言えばおじさんたちは若い頃、多かれ少なかれ**ライバルの圧倒的な才能**に打ちのめされて、自分が勝てる別の道を探した経験を持っている。だから40歳になって「あいつも俺もたいして差がねえ」の域に達しているのだ。

僕だってマンガ家をあきらめ、シナリオライターをあきらめ、ＴＶ局員になった。でも僕は僕で自分の道を歩いていて、それで十分幸せだと思っている。

5

休みにスマホチェックをする人は「仕事をやり残している」自覚のある人

――休日でも「社用スマホ」を見てしまいます

■強制的にスマホを手放す予定を入れる

仕事の時間とプライベートの時間にメリハリをつけるには、仕事関連の情報を遮断する、**「情報デトックス」ができる趣味**を持つことが一番効果的だと思う。

僕が仕事の合間に時間ができると、**サウナやマッサージに行くのも、できる限り「スマホから離れる時間」を持ちたいから。**

お風呂に入っている間は、ＬＩＮＥに入る情報や、スマホを見ていると気になってしまうニュースなどから離れられる。
そうやって**あえて無心になる時間を持つ**ことが、仕事とプライベートを切り分けるきっかけになる。

■人はなぜ休日でもスマホを見るのか？

あと、情報デトックスを上手にやるにはもう１つコツがある。

それは**「休みの日はメールやチャットの返信をしない」というスタンスを職場に明確にしておく**ことだ。

最近はこういうことも減っていると聞くけれど、最初のうちはキャラが浸透してないと、休みの日にメールが届くこともあると思う。でもそんなときは**強引にでも返信しない勇気**を持ちたい。もし、それが難しそうなら、業務上のやり取りが休日に発生する可能性を徹底的に下げること。

休みの日にスマホチェックをする人は「仕事をやり残している」という罪悪感があ

る人だ。そういう人はその罪悪感がなくなる仕事のしかたを工夫したい。

■ メンタルを崩すと後が面倒

いい仕事は、心の健康の上に成り立っている。

だから仕事とプライベートを切り分けて、気持ちをリフレッシュする休日を過ごすことは、仕事以上に大切なこと。

僕はメンタルを蝕むストレスを**借金のようなもの**だと思っている。

許容できる範囲の我慢は、溜まっていても週末や休日に返していける。でも、許容範囲を超えると、その借金は返せないばかりか利子のように膨らんでいく。

人は一度メンタルを崩すと、調子を戻すのに時間がかかる。なかなか戻らないこともめずらしくないし、長期的に苦しんでいる仕事仲間もたくさん見てきた。

大切なのは「自分はなにが続くとストレスという名の借金が、自分の許容範囲を超えるのか」を把握すること。

上司からの途切れない連絡が続くとしんどいのか、提出したものへの修正指示が何度もくり返されると心がすり減るのか、いきなり電話で厳しいことを言われると逃げ出したくなるのか。それぞれストレスが一気に増すポイントがあると思う。

そのポイントを侵されたにもかかわらず、「仕事だからこれくらい我慢しなきゃ」「プライベートより優先させなくちゃ」「休んだらみんなに迷惑がかかるから無理しなくちゃ」と自分と仕事の優先順位を決して逆転させてはいけない。

■臨界点を超えたら「サウナ→マッサージ→ビール」

僕は「もうダメだ」という日は考えるのをやめて銭湯に行く。**お風呂でゆったりして、サウナに入ってマッサージを受けて、いい汗をかいたらビールを飲んで、そのままなにもしないで寝る。**それだけで案外回復して、不思議と前向きな気持ちになれる。

仕事とプライベートの切り分けに罪悪感を覚える必要はない。
ツラいストレスに耐える義務もない。
いい仕事は心の健康の上に成り立っているのだから。

第5章

プライベート

すべてのことには「原因」がある

「プライベートの悩み」の解決法は仕事と同じかもしれない

「わかり合えない」を前提にする

恋人ができない。
恋人とすれ違う。
結婚したいのにできない。
夫や妻とギクシャクしている。
子どもが言うことを聞かない。
自分だけの時間をつくれない。

プライベートの悩みはつきないもの。
でもその解決策は、仕事のそれと変わらないと僕は思う。

「うまくいかない」の裏にはかならず「理由」がある。

だからプライベートの悩みこそ、一度、自分の感情を全部外に出して考えると、本当の問題点が見えてくる。

「そう言われても、佐久間さん……」と思ったとしたら、その感想は正しい。

感情を抜いて考えるのはめちゃくちゃ難しいことだと思う。仕事なら冷静に客観的になれるタイプでも、プライベートのことになると「感情的」を超えて「感情100%」で当たってしまう。

恋人にも妻にも夫にも子どもにも、そしてなにより自分にも、深い愛情があるからこそ、感情が高ぶって、問題の本質が見えなくなるのだ。

「もっとこうしてくれたらいいのに」「こんなにやってあげたの

に」と願望と要求にレバレッジがかかるから、相手がくれるリターンが少ないとイライラする。

でもそれって、かなり自分本位な考え方だ。

僕は悲観主義者なのかもしれないけれど、他人はもちろん、妻とも、娘とも完全にはわかり合えないと思って生活している。だから、意見が食い違うことはあっても大ゲンカになることはない。

家庭では妻や娘にわかってもらえないことはあるし、僕も2人の気持ちを理解できないことはある。

でも「わかり合えない」を前提にしているから、過剰な期待をすることがないし、なにか問題が生じても話し合いで解決できる。

もし相手への期待を勝手に膨らませて、向こうがしてくれるはずの「なにか」に期待しすぎてしまったら、お互い感情論になって話し合いになりにくい。

プライベートの問題ほど、複雑化したら第三者の手を借りないと解決されにくいのは、期待や幻想、感情がもつれてほどけなくなるからだろう。

大事なのはその状態に至らないよう「感情を抜いて」考えることだ。

そこで僕が出した結論は、プライベートでは相手を尊重しつつ、「愛情」よりも「親切」を重視した関係をつくること。

「愛情」という曖昧模糊としたものより、わかりやすい「親切」をつみ重ねていくことで、「私はこんなにやってあげたのに」と苛立たなくて済むし、相手から「同じ量の愛情が返ってこない」

と腹を立てることもない。

「親切」は、目に見える行為だからポイントのようにつみ重なって、お互いの信頼にもつながっていく。

もちろん、相手に愛情を持つのはいいことだけど、その場合は「愛情なんて相手には伝わらない」と思って生活するのがいいと思う。

言葉遊びのように聞こえるかもしれないけど、「愛情は自分本位」で「親切は他人本位」なもの。

だからプライベートに悩みがあるなら、「愛情」よりも「親切」を大事にすると、うまくいくと僕は思う。

1

「出会い」がないのはあなたの魅力が足りないから

――仕事が忙しくていい出会いがありません

■「恋愛相談」を僕がしてもいいですか？

僕は福島の田舎の男子校で3年間を過ごし、気がつくと女子とは、妹と売店のおばちゃんとしか話していない高校生活。立教大学の英文科を受験したときは、会場に男子が2人しかいなくて、圧倒的な女子の数に緊張して固まってしまった。だから僕が「恋愛の相談」に答える資格があるかどうかはわからない。

でも**「仕事を一生懸命やっていればいつか誰かが見つけてくれる」という期待がなぜ裏切られるのか**はよくわかる。

■ 周りから怖がられていないか？

仕事をがんばり続ける人は、周りからすると**取っつきにくいタイプ**に見えやすい。僕も基本的には**どんな人とも一定の距離を保つクセ**がついていて、これは人見知りだからというより、仕事相手と人間的な「好き・嫌い」が出るまで距離を詰めると、仕事に支障が出るためだ。

「仕事相手とは仕事の話がきちんとできる関係をつくる」「誰とでも同じような関係をつくる」。そのほうが僕の場合、仕事がスムーズに進んできた。

仕事中の僕は考え事をしていることも多くて、相手の話へのリアクションが少なくて、テンションも低い。だからラジオやテレビに出ているときの印象で佐久間宣行をイメージされると、実際に会ったとき「怒っているの？」と思われることも多い。

だから「はじめまして」の仕事相手と会うときや、取材を受けるときは、自分でテンションを上げる「スイッチ」を入れるようにしているくらい。

仕事熱心な人は多かれ少なかれ、僕みたいに**「あの人はドライ」「他人と距離を取るタイプ」「仕事とプライベートを分けたがっている」**と思われて、怖がられている可能性がある。出会いがほしいならまずはここから見直しだ。

■「仕事場」での出会いを見直す

「出会いがない」と嘆く人は、仕事場でのコミュニケーションを変えるのも手だと思う。仕事人間が仕事場以外で出会いを見つけようとすると、ワークライフバランスを「ガラッ」と変える必要があるし、アフター5（終業後）に「出会いを探そう」と気負いすぎると、**婚活さえも「仕事モード」**になってしまう。

こういう人は、仕事とプライベートを分けて出会いをガツガツ探すより、**仕事で接する人への態度を変える**ことで出会いをつかむ作戦が向いていると僕は思う。

■「いい人」には「いい人」を紹介したくなる

仕事を第一にしてきた人は、仕事を通じて出会った人がたくさんいるはず。

そういう人と話すときは、仕事の話題だけじゃなくて、人間味が伝わる「プライベートな会話」を挟むだけでも、ずいぶん印象は変わると思う。

「仕事場には出会いがない」という人も、「あの人、いい人なのに恋愛の話を聞かない」と思われれば、職場の誰かがいい人を紹介してくれるかもしれない。

今、そういう出会いがないとしたら、それはあなたに**「誰かに紹介するに値する魅力」が足りない（伝わっていない）**のかもしれない。

心当たりのある人は、少しずつでもいいからまずは「仲がいい人を増やそう」という軽い気持ちで「自分のリアルな人柄」が伝わるコミュニケーションを意識する。

そうすればいい出会いを運んでくれる人がきっと現れるんじゃないかと思う。

2 「相手がどうすれば喜ぶか」を考えると共働きはうまくいく

——共働きのコツを教えてください

■ 僕は31歳で父親になった

僕が結婚したのは27歳。テレビ業界ではかなり早いほうだった。

同期はほとんど独身。妻は同じテレビ東京で働く同僚で、僕が31歳のときに子どもが生まれた。

振り返ればそのときの僕は、ちょうど3つの番組の立ち上げ時期がかぶっていて、人生で仕事が一番忙しいときだった。当時は**ぜんぜん家に帰れていなくて、子どもが生まれる直前も9日間連続で会社に泊まっていたほど**（これは仕事を詰めてなんとか出産に立ち会いたいという思いからだったのだけど……）。

ところが予定より1週間くらい早く**破水**。特番のロケでキングコングと大分に行っていた僕は、妻から「地元の病院で破水した」と聞いたとき、焦りに焦った。とにかくロケを終えて湯布院から福岡へ行き、福岡から飛行機に乗って、なんとか生まれる瞬間に立ち会えた。

■ 両立のしかたなんてわからない

そこからがまた大変だった。

仕事と家庭の両立なんてどうしたらいいかわからない。

当時はまだ現役バリバリのディレクターが「子どもがいるから」という理由で休みを取ることなんてできない時代。**仕事と子育ての両立にはかなりかなり苦しんだ。**

社会全体が男の育児参加を受け止める設計にはなっていなかったし、特にテレビ業界は夜10時から会議がスタートするのも珍しくない。徹夜仕事も普通にあった。

そんな中、唯一の救いだったのは、妻が同じ会社でテレビの仕事への理解があったこと。帰れないのがウソではないと知ってくれていたことは、本当に有り難かった。

ただ、「このままの働き方では子育ては難しい」と気づいてからは、もう早々に妻の両親と同じマンションの別フロアに引っ越した。妻も仕事に復帰するし、**夫婦だけの子育ては「無理」**だと判断したからだ。

■ 子どもがいるから手に入るもの

その間、いちディレクターとしては悔しい思いもたくさんした。

特に**仕事で同期に差をつけられるという焦り**はなかなか消えなかった。

他のみんなは平気で徹夜もするし、自分の時間をすべて仕事に使っている。

正直に言うと、僕も**「家族との時間を減らせたら、もっと多く番組を持てるのに」**と思っていた。

でも「子育てに時間が取られる」という考え方自体が、間違いだと気がついた。

子どもが小さいうちにしかできないことは絶対ある。

僕はあるとき「自分は今とても貴重でかけがえのない時間を過ごせている」と気がついた。

僕には子どもとの生活の中で、「人生をもう1回生き直している」という実感があった。 一緒にいろんなものを新しく覚えていく感覚があったのだ。

僕が働き方の問題や、部下や後輩に対する接し方、ハラスメントに注意深くなれたのは、早い段階で子育てを経験しながら働いたから。子どものおかげで、他の人がなにを思っているかを考えるクセがついたのだ。

■「相手が望むこと」をする

僕が今も昔も仕事と家庭の両立のためにやっているのは、「妻が一番喜ぶことはなにか」を考えて行動すること。

子育ては2人でやるといっても、どうしても負担は妻に傾く。だから僕は「妻への貢献度の高いこと＝妻がラクになること、喜ぶこと」をすることで、できるだけお互いに気持ちよく、仕事と家庭を両立させようと考えた。

そこで僕はまず朝ごはんをつくるのと、娘の幼稚園への送迎をルーティンにした。仕事を２～３日休めそうなときは「俺が家のことをしている間になにかしたいことはない？」「子どもは俺に任せて好きなことをしてきてよ」と提案した。**子どもから離れる時間を持つことで、妻のメンタルはいったんラクになるし、なにかあってもお互い冷静に話し合う心の余裕をつくることもできる。**


もちろん仕事を早く終えられるときは徹底的に早く切り上げたり、妻が残業や飲み会で帰りが遅くなってもいい日をつくることも工夫した。

こういう役割分担は、２人で話し合って試行錯誤しながら決めたこと。

最近は共働きの人も増えていて、仕事と家庭の両立は大きなテーマだと思うけど、僕が言えることは、多分、夫婦でコミュニケーションを取りながら、**「相手はどうすると喜ぶか」**を考えるのが一番だということ。お互いがそう思えれば、共働きでもうまくやる道はきっと見つかると思っている。

3

「妻がいつも不機嫌」にはかならず根深い理由がある

――妻がいつも不機嫌です

■「いつも不機嫌」は危険サイン

「よかれと思ってやったことでも妻から怒られる」。

そうなら、それはやったことが相手の助けになっていない可能性がある。

相手が「いつも不機嫌」なのは、夫婦間に「根深い問題点」があるサイン。

そもそものコミュニケーションが不足していないかも含めて確認したい。

■「仕事」も「家庭」も解決法は同じ

夫婦の問題を仕事に置き換えて考えると、メンバーがみんな不機嫌で、自分が「よかれ」と思ってやったことも否定されるチームだったら、**そのプロジェクトは完全に危険水域に入っている。**

そんなチームで「毎日、挨拶するよう心がければ、それだけでチームの雰囲気はよくなるはず！」なんて対策はとらないはず。コミュニケーションを少し変えたくらいで、成果が出る段階ではないからだ。

仕事も家庭もまったく同じで、チームがうまくいかないときは、根本的な改善が必要になる。

じゃあこういうとき、家ではなにをすればいいかといえば、くり返しになるけれど、やっぱり相手が望むことをやることじゃないかと思う。

相手のニーズも考えずに**「こんなに忙しいのにこんなことをやってやった」**と独りよがりな家事アピールをしても、パートナーは絶対喜んでくれないし、確実にムッとされるだけ。

忙しいのはお互い様だし、家事はどちらかが担わなくてはいけないもの。自分がやりたいことだけを「忙しいけど、やってやったぜ」では、**「なんでそれ？」「たまにそんなことをやったからってドヤ顔すんな」**になるだろう。

■「勝手にうまくいく」夫婦なんてありえない

結婚当初のいい関係が、努力なしでキープできることなんてありえない。

最初はあったパートナーへの愛情も、「生活」に組み込まれれば、お互いへのモヤモヤが膨らみ始める。

そうなると「仕事が忙しい今は、家に帰ってパートナーの愚痴を聞きたくない」「仕事で家事まで手が回らないけど、説明が面倒だから黙って相手にやっておいてほしい」「忙しく仕事をするのは家計のためでもあるんだから」。そんな言い訳が始まってくる。そのつみ重ねの先にあるのは**夫婦間の行き違い**。

夫婦関係は、一方がストレスを溜めるとうまくいかない。

片方が相手に寄りかかりすぎると、もう片方にばかりストレスがかかって「なんで自分ばっかり……」になるからだ。

■「しくみ」で解決する

これを避けるには、**どんなに忙しくても守るべき「夫婦のルール」を事前に決めてやるべきことを「しくみ化」する**のがいいと思う。

月水金の子どものお迎えは夫、火木は妻、食事の準備もこれに連動、水回りの掃除は妻、ゴミ捨ては夫、夜寝る前30分はその日にあった出来事を話し合う、などなど。

2人で決めたルールは、どんなことがあってもかならず守る。

うちはそうしているのだけれど、こういう「しくみ」があるだけで、生活は案外うまくいくから、困っている人はやってみるといいかもしれない。

4

子どもの「イヤイヤ期」は案外短い

――子どもを強く叱れません

■ 叱る前に理解させる努力をする

子どもにどう接するべきか。

これは難しい問題で、正直、僕もわからない。

娘が小さかった頃から今の今まで、僕も叱れるタイプの親ではなかった。

その代わり僕は、子どもが悪いことをしたら「なにがいけなかったのか」をできるだけわかりやすく説明しようと思ってきた。

具体的には**「悪いことをしたら、こんなデメリットがある」**というのを伝えて、**「だからやめよう」と、子どもでも理由が理解できるように話していた。**

■「ダメ」の先を子どもに伝える

ただ、こういう話が通じるようになるのは4〜5歳以降だから、2歳、3歳の頃はちゃんと伝わったかどうかはわからない。

もちろん危ないことをしたときは止めなくちゃいけないから、すぐ**「ダメ！」**と言う必要があるけれど、基本的に僕は**「なにがいけないのか」「なぜいけないのか」をできるだけ説明したい**と思ってきた。

結局、叱ることで目の前の困った行動を止めることはできても、「ダメ！」と言っただけでは子どもも正解はわからない。

だからそこは2歳、3歳の子ども相手であったとしても、「ダメ」に続けて「ダメな理由」と「とるべき行動」を示すことが大事じゃないかと思っている。

「走っちゃだめ」なら「歩こう」、「うるさくしない」なら「ひそひそ声で話そう」、「散らかさない」なら「ここにしまおう」、「食べ物を投げない」なら「こぼさず食べよう」。親がこれを伝えれば、子どもは案外わかってくれる。

■「感情」で子どもをコントロールしてはいけない

一時期、僕は**「悪いことをされるとお父さんは悲しいな」と感情論で説得**しようとしていた。でも、感情で子どもの行動をコントロールするのは、ちょっと違うような気がしてやめた。なぜなら**人の顔色をうかがいながら生きる、自己決定ができない子どもに育つ**ような気がしたからだ。

イヤイヤ期のように子どもが理不尽な行動をする期間は、長くても1、2年。もちろん、その間に親が思わずカッとしてしまう瞬間は何度もある。でもそんなときも大声で叱ったり、逆に「もう知らない」と叱らずに放置したり、感情に訴えかけて操作しようとするんじゃなくて、**理性的で論理的なコミュニケーションを取る**ことが大事じゃないかと気づいたのだ。

■子どもの間は「イキがいい」くらいでちょうどいい

僕の娘は今、高校生で、こちらが叱られるというか、注意されることも増えてきた。子育ての時期は終わりに近づいているのか……と思うと、昔のことが懐かしく感じられる。

この間、本屋さんに行くためにショッピングセンターに入ったら、そこにむちゃくちゃイキのいい子どもがいてうれしくなった。

床に突っ伏して、「いーやーだぁぁぁぁぁぁ!!」と泣き叫んでいる5歳くらいの子。親御さんは慌てていたけど、僕は「おっ、イキがいいのがいるぞ」と、わくわくした。だからちょっと離れたところから「いいぞ、いいぞ」と見守った。

厳しく接したら、もしかすると、床に突っ伏して泣き叫ぶ子にはならないかもしれない。でも、床に突っ伏して泣き叫ぶイキのいい子も、小学校高学年になったら突っ伏さなくなる。だから小さいうちの子育ては、「そういうものだ」とゆったり構えてみるでいいんじゃないかと僕は思う。

5

「子どもの興味」に興味を持てばいずれは心を開いてくれる

――子どもがまったく言うことをききません

■「子どもの興味」はどこにあるのか？

子どもを子ども扱いしすぎて、**「宿題やったの？」**とか、**「片付けなさい」**とか、**「テレビは1時間の約束でしょ」**とか、親は細かいことで否定的に叱りがちだけど、小言で始めるコミュニケーションはやめたほうがいいと思っている。

なぜなら子ども、特に反抗期の子どもには効果がないし、**お互いイライラが増すだ**

けだからだ。

それに**親が子どもを子ども扱いすればするほど、反抗期が長引く**気もする。

子育ては相手を１人の人間として「大人扱い」することが多分大事。

ただ、大人扱いと言っても「もう大人だからできるでしょ」と突き放すんじゃなくて、**学生時代の友達と話すように相手に興味を持って接する**のがいいんじゃないかと思っている。

たとえば、子どもにとって大切なことや好きなこと、うれしいことや不安に思うことがなにかを聞く。このときは大人側の**「知ろうとする姿勢」**が伝わることが一番重要。それさえしっかり伝われば、反抗期でも子どもは割と話してくれる。

さらにはこのとき知った「子どもの好きなこと」を自分も好きになれたとしたら、一緒にそれを楽しめるし、会話も自然と増えるはず。

■ 子どもに「モテる」親になる

僕の場合もまさにそれで、娘の好きなことを話題にして毎日おしゃべりしたり、一緒にライブに行ったりしている。

しかも子どもとの時間は、おじさんの感性をフレッシュにするいいチャンス。

僕は娘から最新のトレンドを教えてもらえて「ラッキー」といつも感じている。

娘のおかげでＥテレのおもしろさを知ることができたし、「プリキュア」や「アンパンマン」が子どもを惹きつける構造は、つくり手としてとても興味を持った。

僕が立ち上げた**「ピラメキーノ」**という子ども向けの番組も、娘とのコミュニケーションがなかったら浮かばなかったアイデアだ。

この番組は子どもの反応も大事にしながらつくったから、当たったときはうれしかった。だから**ヒットは娘のおかげ**だと思っているし、でも**なんやかんや、娘にモテたかったのかもしれない。**

■「その話、もっと聞きたい」と思っているか？

娘からは今もおすすめコンテンツを教えてもらっている。

彼女の興味はＶチューバーや実況系のライバー。あと、お互い「少年ジャンプ＋」

を読んでいるからマンガの話もよくする（ほとんどオタク同士の会話だけれど）。**「反抗期」といっても、個性は一人ひとりまったく違う。**だけど自分の子どもがおもしろいと感じるものをリスペクトして、**「その話をもっと聞きたい」と心から思う努力をすること。**それがなにより大事だろう。

■「毎日の声がけ」で愛情を伝える

それとは別に、**「おはよう」「朝ご飯できているよ」「いってらっしゃい。気をつけて」「おかえり」「がんばってるね」**といった声がけは大事にしたい。

これは仕事のチームマネジメントにも共通するけど、声がけをしなくなると子どももチームメンバーも、自分が大事にされていると感じなくなる。

親やチームリーダーは「そんなことはない。大事に思っている」と言うし、実際にそうだと思うけど、**これは思うだけじゃなくて、ちゃんと伝えないと意味がない。**

きちんと言葉で伝えることで、子どももチームメンバーも「自分はここにいていい」と誇りに思える。そのためのひと言、ふた言を、大事にしたい。

6

「なにが大事か」を決められる人は仕事もプライベートもうまくいく

——優先順位を決められません

■「優先順位」が決まらないのは「判断基準」が決まってないから

ものごとは「判断基準」を決めないと、「優先順位」が決まらない。

仕事でもプライベートでも、優先順位や段取りをつけるのが苦手な人は、ここが決まっていないことが多い。

優先順位を決めたいなら、まずは「自分はなにが重要か」を時間をかけて考える。

優先すべきは「時間」なのか、「時間がかかってもストレスがないこと」なのか。

そういう判断基準がしっかり決まれば、決断は迷わないし、後は軸をブラさない「クセ」さえつければ、半年くらいで優先順位の判断なんてすぐできるようになる。

■「時間の余裕」はモチベーションを生みやすい

僕が優先順位をつけるのが早いのは、判断基準が明確だから。

くり返しになるけれど、僕は仕事は「効率性」を重視していて、これはずっと変わっていない。なぜならできるだけ多くの時間（余暇）を、クリエイティブな作業にあてたいから。

僕は**人生で一番大事なのは「時間の余裕（余暇）」**だと思っている。これは万人共通だと思うのだけど、余裕は誰にとってもモチベーションにつながると思っている。

１日は24時間しかないし、時間はお金で買えるものじゃない。そうだとしたら**効率よく仕事をして時間の余裕が増えるなら、誰からも文句は出ないしモチベーションも上がるはず。**だから僕はリーダーが優先すべきは「作業の効率化」だと思っている。

■ プライベートのために仕事を効率化する

僕はプライベートの時間は、できるだけ多くのエンタメ作品にふれていたい。**つくり手としての自分が錆びると、自分がつくる作品も同時に錆びる。**それにそもそも1人のエンタメ好きの受け手としても錆びたくない。だから「自分は錆びていないか」を常に確認するためにも、好きな作品を観る時間は優先したい。

ただ僕は、仕事の合間にエンタメを観るのが無理なタイプで、仕事モードのときに一度遊びの時間を挟んでしまうと、その後、仕事に戻れない。だから**「作業の効率化」**が必要になる。

仕事の合間も、2歩先の仕事の準備をしていることが多い。できるだけ仕事を早く終わらせて、まとまった時間で映画や舞台を観たいのだ。

■人はわがままでいい

「時間があるときに観たいものリスト」もあらかじめつくっている。**絶対に観たい映画、初日に観たい映画**はカレンダーに入れておいて、それ以外は仕事が一段落したら0時から2時に観ると決めている。だから仕事をがんばって効率化して「終わった！　一杯飲みながら観よう！」ができる0時から2時は、自分へのご褒美タイム。**こうしていると相乗効果で仕事の効率もよくなってくる。**

いきなりまとまった時間ができたとしても、やりたいことがすぐ浮かばなければ、だらだら過ごして終わってしまう。だからこれも優先順位をつけるコツの1つ。

チーム仕事で「自分1人で優先順位をつけられない」と悩む人も、**勇気を持って先にスケジュールを入れるといいかもしれない**。その時間に仕事が入りそうになったら「別件が」とリスケを願えば、案外、うまくいくことは少なくないし、仕事の効率もきっと上がる。きちんと義務を果たしているなら（これは必須）、人はそのくらいわがままでもいいんじゃないかと僕は思う。

おわりに

僕は40代の後半になりました。

バラエティのディレクターとしてはキャリアも終盤で、でも働く人間としてはまだまだ先が長い。そんな中途半端な時期かもしれません。

だから実は毎日不安です。この本に書いたことは自分に言い聞かせている部分もたくさんあります。お互いがんばりすぎずに、がんばりましょう。

最後になりましたが、本書を出版するにあたり、編集を担当して頂いた石塚理恵子さんをはじめとするダイヤモンド社のみなさま、佐口賢作さん、ありがとうございました。この場を借りて感謝申し上げます。

変わらず一緒に番組を作ってくれているスタッフと関係者のみなさまにも感謝いたします。会社を辞めても誰も付き合いを変えないでいてくれているのに実は毎日感激しています。本当にありがとう。もちろんテレビ東京にも。実は辞めてから逆にテレ東からの仕事が増えました。バカだけど優しい会社で大好きです。

それといつもテレビやラジオや配信などを楽しんでくれるすべてのみなさまにも最大限の感謝を。みなさんに届くと信じてるからできることがたくさんあります。これからもずっとそうです。

最後の最後に妻と娘にも。この4年、不安と挑戦の日々をなんとか乗り切れたのは、家族が明るくて面白いからです。これからもその一員でありたいです。

きっと、人生が続く限り悩みは尽きません。

誰にでも道を踏み外すときはある。

だから他人に対しては優しくありたいし、自分が転んでも立ち上がれるくらいの強さは常に持っていたいです。この本がその助けの1つになれば嬉しいです。

おもしろい仕事に出会う前に、邪魔されたり潰されたりする人ができる限り減りますように。世の中が素敵になるアイデアや人材が、組織の圧ですり減りませんように。そんな祈りも込めました。

それではお互いいい仕事を。

［著者］
佐久間宣行（さくま・のぶゆき）
1975年11月23日、福島県いわき市生まれ。テレビプロデューサー、演出家、作家、ラジオパーソナリティ。「ゴッドタン」「あちこちオードリー」「トークサバイバー！1・2」「インシデンツ 1・2」「LIGHTHOUSE」などのテレビ番組、配信作品を手がける。元テレビ東京社員。2019年4月からラジオ「佐久間宣行のオールナイトニッポン0(ZERO)」のパーソナリティを担当。YouTubeチャンネル「佐久間宣行のNOBROCK TV」は登録者数200万人を突破（2024年6月現在）。著書に『佐久間宣行のずるい仕事術』（ダイヤモンド社）、『ごきげんになる技術』（集英社）などがある。

その悩み、佐久間さんに聞いてみよう

2024年11月5日　第1刷発行

著　者――佐久間宣行
発行所――ダイヤモンド社
〒150-8409　東京都渋谷区神宮前6-12-17
https://www.diamond.co.jp/
電話／03･5778･7233（編集）　03･5778･7240（販売）
装丁・本文デザイン―小口翔平＋後藤司＋畑中茜(tobufune)
カバー写真―熊坂勉
DTP――アーティザンカンパニー
校正――鷗来堂
製作進行――ダイヤモンド・グラフィック社
印刷・製本―勇進印刷
編集協力――佐口賢作　松井未來　根本隼
編集担当――石塚理恵子

ISBN 978-4-478-12097-2